Adina Blady Szwajgier
Die Erinnerung verläßt mich nie

Adina Blady Szwajgier

Die Erinnerung verläßt mich nie

Das Kinderkrankenhaus im Warschauer Ghetto und der jüdische Widerstand

Aus dem Englischen von Joachim Rehork

List Verlag
München · Leipzig

Die Originalausgabe erschien unter dem Titel *I Remember Nothing More – The Warsaw Children's Hospital and the Jewish Resistance* 1990 im Verlag Collins Harvill in London.

© der Karten Basil Blackwell, 1988.

ISBN 3-471-77177-8

Satz: Leingärtner, Nabburg
Druck und Bindung: Offizin Andersen Nexö, Leipzig

Inhalt

Zur Einführung

Ich muß mir Vorwürfe machen, weil ich erst jetzt anfange, meine Erinnerungen zu Papier zu bringen, nachdem so viele Jahre ins Land gegangen sind, in denen so vieles aus meinem Gedächtnis entschwunden ist. Doch unmittelbar nach dem Krieg wollte ich überhaupt nicht mehr schreiben. Niemals mehr. Was geschehen war, war nicht von der Art, daß man darüber schrieb oder davon las. Jedenfalls dachte ich das. Und mich über andere, alltägliche Dinge aus der Vorkriegszeit auszulassen schien mir keinen Sinn zu geben. Also – besser nichts! Vielleicht dachte ich auch – oder hatte eine vage Hoffnung –, ich könnte es durch Schweigen schaffen, wenigstens etwas von alledem zu vergessen und so zu leben wie andere Leute. Ich weiß nicht. Jahre vergingen. Ich schaffte es nicht zu vergessen, glaubte aber noch immer, daß ich das Recht hätte zu schweigen. Und doch las ich alles, was über das Zeitalter der Gaskammern geschrieben worden war. Und dabei wurde mir immer klarer, daß irgend etwas an meiner Haltung nicht stimmte.

Viele von denen, denen es gelungen war, den Völkermord zu überleben, schrieben über ihre Erlebnisse. Mit erschütternden Worten schrieben sie über das Ghetto, diese Hölle auf Erden, dieses gemeinste aller scheußlichen Konzentrationslager, in dem man Menschen nicht einmal umzubringen brauchte – sie starben ganz von selbst.

Man brauchte auch niemanden zu selektieren – *alle* waren zum Tod verurteilt. Andere schrieben darüber, wie sie Leben zu retten vermochten – ihr eigenes Leben. Und dann berichteten sie mit den wärmsten Worten von denen, die ihnen geholfen hatten, nicht nur ihr Leben, sondern auch ihre Würde zu bewahren.

Hatte ich dem wirklich nichts hinzuzufügen?

Allmählich wurde mir immer klarer, daß ich etwas anderes zu sagen hatte, daß es nötig war, wenigstens ein Stück der Wahrheit über all jene im Ghetto zu überliefern, die niemals daran zweifelten, wie Menschen zu leben und zu sterben hatten; über jene anderen, die keinen Augenblick der Versuchung erlagen, sich davonzustehlen: über jene auf immer Verstummten, deren Asche vom Wind verweht ist, die auf ihren Posten starben, als sie Sterbenden halfen; schließlich über die «Leute in Weiß», über das Hospital.

Und noch etwas anderes sollte ich erzählen: das, worüber ich am meisten weiß. Obwohl es einige Berichte von der «arischen Seite»* gibt, weiß man so gut wie gar nichts darüber, wie diese wenigen Kämpfer, welche die Schrecknisse überlebt hatten, auf der anderen Seite der Mauer weiterlebten.

Es ist sogar durchgesickert, daß die Kämpfer, die beim Ghettoaufstand nicht umkamen, in den Wäldern rings um Warschau und im Warschauer Aufstand weiterkämpften. Doch nirgendwo wird berichtet, daß nach beendetem Kampf um den ehrenvollen Tod der Kampf ums Überleben begann – nicht ums eigene Überleben, sondern um das Überleben jener wenigen (Dutzende? Tausende?), die sich in Warschau und in anderen Städten versteckt hatten.

Es war ein schwerer Kampf.

Marek Edelman und Icchak Cukierman (die beiden einzigen überlebenden Mitglieder des ŻOB-Kommandostabs**, übernahmen zusammen mit einigen Einzelkämpfern, die mehr oder weniger erfolgreich untergetaucht waren, und einer Handvoll Kurieren, die sich um sie geschart hatten, die gewaltige Aufgabe, Menschen zu

---

* «Arische Seite» – hier bezieht sich die Verfasserin auf die nichtjüdische polnische Widerstandsbewegung. Sonst meint der Ausdruck «arische Seite» in ihrem Text immer die Welt außerhalb der Ghettomauern.
**ŻOB. Die Żydowska Organizacia Bojowa («Jüdische Kampforganisation») wurde im Herbst 1942 gegründet in der Absicht, den bewaffneten Widerstand zu organisieren. Hauptziel der Organisation war die Ausbildung von Kämpfern und die Beschaffung von Waffen. Leiter der ŻOB war Mordechaj Anielewicz (1920–1943). Zum ersten bewaffneten Zusammenstoß kam es 1943 (siehe Władysław Szlengiels Gedicht Gegenangriff auf Seite 83 ff.). Diejenigen, die den Ghettoaufstand überlebten, kämpften im polnischen Untergrund weiter.

retten – nichts anderes als die Żegota*, von der jedermann gehört hat.

Ja, es war ein schwerer Kampf für die ŻOB. Ihre Aufgabe war schwieriger als die jeder anderen Untergrundbewegung. Doppelt gefährdet (zum einen wegen ihres Widerstandes gegen die Unterdrücker, zum anderen wegen ihrer jüdischen Herkunft), stahlen sie sich durch die Straßen, auf denen ihre Gesichter sie verraten und ihnen den Tod bringen konnten, und dabei lastete auf ihren Schultern noch die Verantwortung für all jene hilflosen und verängstigten «gewöhnlichen» Menschen, die, eingeschlossen und ohne jede Bewegungsmöglichkeit, auf Hilfe warteten. Und zwar nicht nur auf finanzielle Hilfe. Es gab Pannen, schlimme Verwicklungen verschiedenster und oft tragischer Ereignisse, Krankheiten, die behandelt, und Todesfälle, die verschleiert werden mußten. Es gab Verzweiflung und Hoffnung. Und Angst. Es gab Denunzianten und Gutwillige. Man mußte stets auf der Hut sein. Es war bitter. Vor allem war da noch die eigene Furcht, die man sich nie anmerken lassen durfte. Und doch war sie da und saß im Magen wie eine angespannte Feder. Manchmal löste sie sich und jagte einem einen durchdringenden, eisigen Schauder durch den ganzen Körper.

Sie war da. Sie ließ sich nicht verheimlichen.

Und doch mußte man es – trotz der ständigen Angst.

So begann ich zu verstehen, daß ich mich zu Wort melden mußte, obwohl ich mich nicht an alles erinnerte und auch nicht alles wußte. Aber ich sperrte mich noch dagegen. Noch immer wehrte ich mich. Bis eine andere Furcht mich befiel. Die Furcht, zu spät zu kommen. Die Furcht, nicht ausführen zu können, was ich jener Zeit schuldig bin.

Ich war alt geworden, krank. Ich lag in einer Klinik. Auf einer Station, wo ich durch den zuständigen Arzt stets an die Vergangenheit gemahnt wurde.

Und nun fing ich an, mich zu beeilen. Dort, in einem

---

* *Żegota: Deckname des Judenrettungsrats, einer Organisation, die der Warschauer Bevollmächtigte der polnischen Exilregierung (Delegatura Rzadu) im Dezember 1942 ins Leben gerufen hatte, um Juden die Flucht aus dem Ghetto zu ermöglichen, sie mit Papieren und Geld auszustatten und ihnen eine Zuflucht zu verschaffen.*

Krankenhausbett, begann ich zu schreiben. Rasch, um das Rennen gegen die Zeit zu gewinnen. Um noch rechtzeitig zu kommen. Und sei es unvollständig, bruchstückhaft, gesehen durch das Prisma meiner eigenen, unvollständigen Erinnerungen. So will ich also versuchen, auf diese unvollständige, jedoch wahrheitsgetreue Weise zu berichten, obwohl ich weiß, daß ich vieles vergessen und vieles andere nie gewußt habe.

Doch zunächst einige Worte über die Ausgangslage, über den Kriegsbeginn.

Am 1. September 1939, als der Krieg ausbrach, war ich zweiundzwanzig und Studentin an der Medizinischen Fakultät der Warschauer Universität, und seit genau sechs Wochen – seit dem 27. Juli 1939 – war ich verheiratet. Allerdings wohnten Stefan und ich trotz unserer Heirat nicht beisammen. Seine Eltern waren gegen eine solche enge Bindung zwischen zwei Studenten – Stefan studierte im dritten Jahr Rechtswissenschaft –, die kein Geld und keine eigene Bleibe hatten und deren Zukunft keine anderen Perspektiven bereithielt als Jahre mühevollen Arbeitens für den Lebensunterhalt. Wir aber hatten es eilig. Wir wollten nicht warten, bis «stabile» Verhältnisse eingekehrt waren. Außerdem sollte ich in diesem Studienjahr 1939/40, mein Staatsexamen ablegen und meine Approbation als Ärztin erhalten. Ich wollte auf den Urkunden den Namen meines Mannes tragen, schon um die Formalitäten einer späteren Namensänderung zu vermeiden, dies ganz besonders im Hinblick auf meine Approbation.

Wichtig war es auch, daß ich einen Nachweis meiner Staatsbürgerschaft benötigte, um meine Zulassung als Ärztin zu bekommen. Das hätte mich in Schwierigkeiten bringen können, denn mein Vater hatte lange in Palästina gelebt und war staatenlos – ein Flüchtling aus Rußland mit Nansen-Paß*. Die Eheschließung mit einem polnischen

---

* *Nansen-Paß. Ein Personaldokument, das der Völkerbund nach dem Ersten Weltkrieg Staatenlosen ausstellte. Es trug den Namen Fridtjof Nansens (1861–1930), des norwegischen Polarforschers, Politikers und Wissenschaftlers, der 1921–1923 im Auftrag des Völkerbundes die Hungerhilfe in Sowjetrußland leitete und 1922 den Friedensnobelpreis erhielt.*

Staatsbürger enthob mich aller diesbezüglichen Komplikationen. Deshalb beschlossen wir, in aller Stille zu heiraten, ohne seine Eltern und meine Mutter zu informieren, die allerdings geahnt hatte, daß es eines Tages so kommen würde. Nach der Trauungszeremonie, die ein «ziviler Rabbi» – ein Militärgeistlicher – vornahm, gingen wir zu mir, und zufällig wartete meine Mutter mit einem Kuchen und einer Flasche Wein auf uns. Auch meine Tante kam mit ihrem Sohn, dem ich am Telefon gesagt hatte: «Jurek, komm doch auf ein Glas Wein, wenn du Lust hast. Ich habe gerade geheiratet!» So lief die Hochzeit ab. Noch am selben Abend brachen wir zu einem zehntägigen «Urlaub» nach Ustronie auf. Unser Geld reichte gerade hin, daß wir diese zehn Tage so tun konnten, als wären wir «reich». Zum Bahnhof brachte uns Stefans älterer Bruder Mietek, selbst ein junger Arzt, der erst vor einem Jahr seinen Doktor gemacht hatte.

Anfang August kehrten wir aus Ustronie zurück. Stefan wohnte wieder bei seinen Eltern und bereitete sich auf seine Herbstprüfungen vor. Ich fuhr für drei Wochen in ein Schulferienlager nach Kazimierz an der Weichsel, wo ich mich als Erzieherin nützlich machte.

Am 29. August kehrte ich mit den Kindern, die völlig verängstigt waren, mit dem Schiff nach Warschau zurück, mußte aber am selben Tag noch einmal nach Kazimierz, um einen Teil des Gepäcks der Kinder zu holen, für das auf dem Schiff kein Platz mehr gewesen war.

Am Abend des 30. August war ich endlich wieder in Warschau. Meine Mutter war noch nicht aus den Ferien zurück. Schon gab es Zugverspätungen. In den Straßen hingen Einberufungslisten. Fenster wurden durch aufgeklebte Papierstreifen splittersicher gemacht. Verschreckte Menschen rannten durch die Straßen, kauften, was sie nur bekommen konnten, und legten Lebensmittelvorräte an. Ich hatte natürlich überhaupt kein Geld. Den Lohn für meine Tätigkeit im Sommerlager hatte man mir noch nicht ausgezahlt. Mama kam am 31. August zurück. Auch sie hatte kein Geld mehr. Erst am nächsten Tag wollte sie ihr Gehalt abholen; sie war Schulleiterin der «Yehudia»*. Zusammen hatten wir gerade noch so viel Geld, um eine 200-Gramm-Tafel Plutos-Schokolade zu kaufen.

Am 1. September weckte mich in aller Frühe ein dumpfes Donnergrollen. Ein Gewitter? Ich versuchte mich auf die andere Seite zu drehen. Doch da hörte ich schon das Heulen einer Sirene und nach einer Weile aus dem Radio die Meldung: «Seit heute morgen fünf Uhr ...» Meine Mutter stürzte herein. Sie war leichenblaß und weinte. Es war Krieg.

Am selben Tag, am 1. September, traf ich mich mit meinen Kollegen im Hospital der Barmherzigen Brüder**, um mit der Ausbildung in Psychiatrie zu beginnen. Auch Professor Mazurkiewicz war da. Die Hälfte der männlichen Angehörigen unserer fünfundzwanzig Personen starken Gruppe fehlte. Sie waren einberufen worden. Der Professor ließ sich in seinem Unterricht nicht stören, obwohl er mehrmals durch Fliegeralarm-Durchsagen unterbrochen wurde. «Achtung, Achtung!» tönte es «Komma drei*** ... Ich gebe Fliegeralarm für die Stadt Warschau...»

Trotz der ringsumher wachsenden Gefahr, trotz der Glassplitter auf den Straßen, trotz der ersten Ruinen und der ersten Verwundeten ging der Unterrichtsbetrieb bis zum 4. September weiter.

Am Ende der Lehrveranstaltungen dieses Tages erklärte der Professor: «Ab morgen steht das Hospital unter militärischem Kommando. Ich entlasse Sie und betrachte den Kursus für Sie als abgeschlossen. Lassen Sie Ihre Studienbücher zum Testieren hier. Nach dem Krieg sehen wir uns wieder.»

* Yehudia. Eine kurz nach dem Ersten Weltkrieg gegründete private jüdische Oberschule für Mädchen, deren Bildungsziel es war, in Verbindung mit allgemeinem Bildungsgut zionistisches Denken zu vermitteln. Die Mutter der Verfasserin, Stefania (Bat-Sheva) Hertzberg-Szwajgier, war die Schulleiterin. Nachdem die Schule 1939 bei den Kämpfen um Warschau zerstört worden war, setzten sie und ihre Kollegen den Unterricht insgeheim fort, bis sie am 30. Juli 1942 nach Treblinka verschleppt wurden.
** Eine psychiatrische Klinik.
*** «Komma drei». Kodewörter für die Luftabwehr.

12

So verließen wir die Klinik und verlegten uns auf das aussichtslose Unterfangen, Arbeit in Krankenhäusern oder provisorischen Erste-Hilfe-Stationen zu bekommen. Doch nirgendwo brauchte man uns. Ich weiß nicht, ob dies damit zu tun hatte, daß wir Juden waren – wir zogen zu dritt in der Stadt umher –, oder damit, daß in diesem entsetzlichen Durcheinander des «Blitzkriegs» alle Leute den Kopf verloren hatten, wohin man auch kam. Fest steht jedenfalls: Man wollte uns nicht.

Schließlich ging ich nach Hause. Im Hof traf ich eine Nachbarin, eine Krankenschwester. Auch sie hatte nirgendwo ein Betätigungsfeld gefunden. Doch wir einigten uns rasch. In einer Ecke des provisorischen Schutzraums, der im Keller unseres Häuserblocks in der Świętojerskastraße Nr. 30 eingerichtet worden war, organisierten wir einen «Verbandsplatz». Ich muß gestehen, daß es keinerlei Schwierigkeiten gab, als wir uns im nächsten Zentrum – an der Fretastraße – registrieren ließen. Man versah uns mit einigem Verbandsmaterial, einem Sterilisierapparat und einem Satz der allernötigsten Instrumente wie Skalpelle, chirurgische Zangen, ja sogar Nadeln, Fadenmaterial und Pinzetten zum Fädenziehen. So gut wie die gesamten drei Wochen der Belagerung Warschaus verbrachte ich an diesem Verbandsplatz. Nur gelegentlich begab ich mich für kurze Zeit nach oben in die Wohnung, um mich umzuziehen oder eine Kleinigkeit zu essen. In der ersten Woche unterrichtete Mama noch in der Długastraße. Dann wurde die Schule geschlossen, damit die Mädchen nicht mehr hinaus auf die Straße mußten, und nun kam auch sie, um mir in dem Schutzraum zu helfen.

Stefan verließ Warschau zusammen mit all den Männern auf Befehl Umiatowskis*. Er ging nach Osten. In jenem Schutzraum erhielt ich meine «Feuertaufe», was die medizinische Arbeit unter kriegsmäßigen Bedingungen betraf. Dort, in einer Ecke an der Tür, half ich bei einer Entbin-

* Am 6. September 1939 verkündete Oberst Umiatowski, ein Sprecher des Warschauer Militärkommandanten, im Radio, man habe Warschau zur «offenen Stadt» erklärt, und alle wehrfähigen Männer hätten die Stadt zu verlassen. Erst später beschloß man, die Stadt doch zu verteidigen.

dung – zum Glück kam das Kind von selbst. Hier starb auch ein fünfzehn Jahre alter Junge in meinen Armen; es war der Sohn von Nachbarsleuten, der bei dem schrecklichen Bombenangriff auf das Judenviertel am Yom Kippur, dem 13. September 1939, von einem Schrapnell getroffen worden war. Von hier aus rannten wir los, um Verwundete unter Trümmern hervorzuziehen; manchmal bargen wir nur Überreste, manchmal aber auch noch lebende Menschen, die unter Schock standen und verletzt waren. Unser Haus blieb stehen. Eine Granate durchschlug ein Fenster und sprengte ein Stück der Mauer unserer Wohnung heraus, doch niemand war in dem Raum, als dies geschah. Wir meisterten das Leben in der belagerten Stadt. Wir waren darauf vorbereitet, noch dreimal so lange durchzuhalten, sofern es nicht zur Kapitulation kam. Dieses Gefühl beherrschte uns an jenem schrecklichen Tag, als Oberbürgermeister Starzyński seine letzte Rede hielt*. Doch Warschau konnte nicht mehr gehalten werden. Ich stand unter den Massen auf dem Krakowskie Przedmieście und sah zu, wie die Deutschen einmarschierten. Die Menschenmenge verhielt sich so still, daß man eine Fliege hätte summen hören können. Bleiche, schmerzverzerrte Gesichter. Und stille Tränen. Die Nacht der Okkupation hatte begonnen.

Anfang Oktober ging ich mit zwei Mitstudenten zum Dekanat der Medizinischen Fakultät. Dort stellten wir zweierlei fest. Zum einen war der Dekanatssekretär aus einem Fenster im ersten Stock der brennenden Universität gesprungen und hatte die Liste der im sechsten Studienjahr Stehenden gerettet. Man stellte uns Bescheinigungen aus, aus denen hervorging, daß wir unser Studium abgeschlossen und auch die Lehrveranstaltungen des laufenden Semesters absolviert hatten, obwohl wir gar nicht bis zum Schluß gekommen waren. Zum anderen aber beschied uns der von den Deutschen eingesetzte Dekan, «unser» Professor Lauber: «Was für euch der eingedrungene Feind ist, ist für mich das Vaterland. Und begrabt jeden Gedanken,

* Stefan Starzyński (1893-1943), der heldenhafte Oberbürgermeister von Warschau, der den Widerstand der Stadt organisiert hatte, starb vermutlich in einem Todeslager der Nazis.

14

jemals ein Examen abzulegen. Wir brauchen keine Polen als Ärzte, ganz zu schweigen von den Juden.» Mit diesem Bescheid zogen wir ab.

Nun mußten wir überlegen, was als nächstes zu tun sei.

Es waren ziemlich viele polnische und jüdische Kommilitonen, die in den Räumen der Medizinischen Fakultät zusammenströmten. Wir kamen überein, uns in zwei Tagen wieder zu treffen. Bei dieser Zusammenkunft wurde beschlossen, der einzige Ausweg sei es, an die Jan-Kazimierz-Universität nach Lwów (Lemberg) zu gehen, die allem Anschein nach noch offen war. Über das, was am 17. September 1939* geschehen war, wußten wir nicht viel, und wir begriffen auch nicht viel davon. Wir wußten lediglich, daß sowjetische Truppen in Polen einmarschiert waren, und es waren sogar Gerüchte in Umlauf, sie seien gekommen, um uns zu helfen. Später hörten wir von sporadischen Abwehrversuchen und einem Befehl, keinen Widerstand zu leisten. Von dem Pakt zwischen Ribbentrop und Molotow wußten wir nichts, auch nichts über die Internierung unserer Offiziere**. Es hieß, «dort» (das heißt: in Białystok, Wilna und Lemberg) gehe das Leben fast seinen gewohnten Gang und die Grenze sei offen, so daß wir ungehindert hinüber und herüber könnten. Ich brauchte nicht lange nachzudenken. Auch Mama meinte, ich müsse gehen. Außerdem hoffte ich, Stefan wiederzufinden, der nicht nach Hause gekommen war und deshalb, wie ich glaubte, schon drüben sein mußte. Der Entschluß war gefaßt. Am 11. Oktober verließ ich Warschau in einem Lieferwagen. Mit mir flohen meine Freundin Ewa Pat, ihre Mutter und mein Vetter Boris Szwajgier sowie einige weitere Personen, die gleichfalls über die Grenze wollten.

---

*Am 17. September 1939 marschierte die Rote Armee in Ostpolen ein, und zwar aufgrund einer Geheimklausel des im August 1939 unterzeichneten Nichtangriffspaktes zwischen der Sowjetunion und dem Deutschen Reich, der als «Hitler-Stalin-Pakt» in die Geschichte eingegangen ist.

** 15 000 von der Roten Armee gefangene polnische Offiziere wurden in Lager in der Umgebung von Smolensk geschickt. Die Leichen von etwa 4500 Offizieren aus dem Lager Kozielsk fanden die Deutschen 1943 in einem Massengrab im Wald von Katyn. Wo die anderen Offiziere begraben sind, ist nicht bekannt.

Am 13. Oktober war ich in Białystok. Stefan traf ich dort fast unmittelbar. Es war überhaupt kein Problem, ihn zu finden. So viele gab es dort, die ich kannte! Fast alle kamen aus Warschau. Am 15. Oktober füllten wir einen Fragebogen aus. Eine der Fragen lautete: «Haben Sie die Absicht, nach dem Krieg nach Polen zurückzukehren, oder wollen Sie in der Sowjetunion bleiben?» Selbstverständlich antworteten die meisten, sie würden nach Polen zurückkehren. Damit besiegelten sie ihr Schicksal.

Das Schicksal der Verschleppung. Alle, welche die Frage so beantwortet hatten, wurden einige Monate später in sowjetische Lager geschickt. Mir freilich blieb es zum Glück erspart, die unendlichen Weiten Sibiriens kennenzulernen. Es gelang mir zu entkommen, obwohl ich mir der Gefahr der Deportation gar nicht bewußt war.

Zwar erinnere ich mich an nur wenig Belangvolles, was die letzten paar Monate in Lemberg angeht, doch sind mir Scharen von Flüchtlingen im Gedächtnis, dürftige Lebensverhältnisse, chaotische Versuche, das Studium fortzusetzen, Prüfungen, die reine Formsache waren, ständiges Lauern auf Neuigkeiten von «drüben» – und schließlich die Flucht zurück. Daß diese gerade noch zur rechten Zeit gelang, verdanke ich – ganz unerklärlicherweise – einem Mitstudenten, einem Ukrainer aus Lemberg. Ich weiß nicht, warum, aber an jenem Tag machte er sich an der Universität an mich heran und flüsterte mir zu: «Geh – ich habe deinen Namen auf der Deportiertenliste gesehen.» Ich ging nicht mehr dorthin zurück, wo ich mit meiner Kusine und deren Sohn wohnte, sondern stürzte, wie ich ging und stand, in meinen ältesten Kleidern zum Bahnhof und fuhr nach Białystok. Ich hatte meine Kusine gedrängt, mit mir zu gehen. Doch sie wollte nicht. Deshalb ging ich allein. Tags darauf ergriff man sie und ihr anderthalb Jahre altes Kind. Wie durch ein Wunder überlebten sie die Verbannung im hohen Norden.

Die Grenze war geschlossen. Man mußte sich aus dem sowjetisch besetzten Gebiet herausschmuggeln. Eine Ahnung davon, in welcher Gefahr ich mich befand, hatte ich kaum. Ich entsinne mich nur, mit welch grenzenlosem

Schrecken ich daran dachte, nicht mehr nach Polen zurückkehren zu können und in Rußland bleiben zu müssen, weit entfernt von Mutter und Heimat. Ich, ja wir alle waren so naiv zu glauben, nach der Zeit der Deportationen würden wir zurückkehren und unser Studium beenden können. Deshalb blieb Stefan noch eine Weile in Białystok. Er wollte den weiteren Gang der Dinge abwarten und dann entweder nachkommen oder meine Rückkehr abwarten. Wir waren der Meinung, die Reise sei für eine Frau sicherer als für einen Mann. Selbstverständlich stellte es sich heraus, daß es für mich unmöglich war, nach Lemberg zurückzukehren. Schon wenige Tage nach meiner Ankunft in Warschau traf auch Stefan dort ein. Wir waren glücklich, wieder zusammen zu sein.

Meine Mitstudenten wurden verschleppt. Viele kehrten nie zurück.

Doch was auf uns wartete, war keinen Deut besser.

Dies alles geschah Ende Dezember 1939. Meine Rückfahrt dauerte fünf Tage. Allem Anschein nach wurde am Bug, der die Grenze zwischen der russischen und der deutschen Besatzungszone bildete, auf Flüchtlinge geschossen. Deshalb war es besser, bei der Bahnstation Małkinia über die Felder zu gehen. Also tat ich dies und wurde sofort von einer russischen Streife aufgegriffen. Ich erklärte, ich müsse nach Warschau zu meiner Mutter. Natürlich interessierte dies niemanden, und man sperrte mich in einen Schweinestall. Ich kann mich nicht mehr erinnern, wie ich aus dieser nach Mist stinkenden Örtlichkeit herauskam; ich weiß nur, daß ich tags darauf wieder frei und auf Wanderschaft war – irgendwo unweit der Bahnstation Czeremcha, noch jenseits der Grenze. Ich war hungrig, schmutzig, unausgeschlafen und halb erfroren. Nie erfuhr ich, wer der Mann war, der mir half. Er sagte mir, ich solle so tun, als sei ich seine Frau, und auf gar keinen Fall polnisch sprechen, denn die Weißrussen – und die Einwohner von Czeremcha waren Weißrussen – mochten die Polen nicht besonders und hätten wohl keinen Augenblick gezögert, eine Polin an die Polizei zu verraten.

Wir gingen in ein Haus. Mein Gefährte sprach fließend weißrussisch. Ich weiß nicht, was er den Leuten erzählte, doch man versah uns mit etwas Rührei, einem Waschbecken, um Hände und Gesicht zu waschen, und einem Bett mit rotkarierter Daunendecke. In dieser Nacht schliefen wir beide unter derselben Decke, und mir kam es überhaupt nicht zum Bewußtsein, daß ich – wenn auch (schon wegen der Wanzen) voll angekleidet – mit einem wildfremden Mann, überhaupt mit einem Mann unter ein und derselben Bettdecke schlief. Am Morgen bekamen wir etwas Tee und eine Scheibe Brot, und mein Begleiter brachte mich in den Wald, wo schon Flüchtlinge auf die nächste Nacht warteten. Dort verabschiedeten wir uns, und ich richtete es so ein, daß ich mit einer Gruppe von Schmugglern* ging. Dies war die einzige Möglichkeit, über die Grenze zu kommen, denn die Schmuggler, die ständig hin und her unterwegs waren, kannten alle Schleichwege und die Gewohnheiten der Grenzwächter. Ich verbrachte den Tag am Waldrand. Hunger quälte mich. Auf einmal sah ich eine Gruppe von Menschen rings um eine in Schaffelle gewickelte Frau, die Suppe verkaufte. Das Gebräu wanderte in schmutzigen Bechern von Mund zu Mund. Es schmeckte fabelhaft. Am schwierigsten war es, eine sogenannte Bedürfnisanstalt zu finden – jenes Kabinett mit dem Herzen. Doch schließlich führte mich meine Nase an die richtige Stelle. Fast hätte mein Grenzüberschreitungsversuch dadurch ein jähes Ende gefunden, daß ich in Sch… ertrank. Doch kam ich heil wieder heraus und verlor lediglich einen Handschuh – es war einfach zu schwierig, ihn aus der Latrine herauszufischen. Nun, immerhin hatte ich noch meinen Muff.

Schließlich kam die Nacht, und wir brachen auf. Natürlich bahnten sich meine «Reisebegleiter» ihren Weg, ohne sich nach mir umzusehen. Ich verlor sie rasch aus den Augen und fand mich irgendwann ganz allein auf freiem Feld. Von irgendwo seitwärts vernahm ich Schüsse. Ich hatte schreckliche Angst, ging jedoch stur immer weiter. Einmal fiel ich in einen Bach. Oder war es eine riesige Pfütze? Ich weiß es nicht. Dünnes Eis krachte unter meinen Füßen, und ich sank bis zu den Knien ein. Ich watete heraus, doch

---

* *Sobald die Grenze geschlossen war, begann der Schmuggel. Man schmuggelte Lebensmittel, schwarz gebrannten Schnaps und Tabak.*

sofort bildete sich an meinen Füßen ein neues Paar «Schuhe» – «Schuhe» aus Eis! Irgendwie schaffte ich es, keine Erfrierungen davonzutragen, vermutlich deshalb, weil ich einfach stur weiterrannte.

Als die Sonne aufging, merkte ich, daß ich auf der «richtigen» Seite der Grenze war. Deutsche Symbole, Plakate, irgendwelche «Bekanntmachungen» – und schließlich Uniformen: deutsche Soldaten. Ich war in «Polen»…

Ich nahm einen Zug nach Warschau, und das erste, woran ich mich wirklich erinnere, war der Heimweg über den Schloßplatz. Der Schloßplatz, wo vor zwei Monaten meine Reise begonnen hatte, hatte sich meinem Gedächtnis tief eingeprägt, denn an der Ecke zur Miodowastraße sah ich einen Laden, einen Bäckerladen, in dessen Schaufenster Brötchen lagen. Natürlich hatte ich überhaupt kein Geld, aber ich sah die Brötchen… echte Brötchen! Auf den Straßen eilige Menschen, vermummt mit allen Arten von Schals, und Soldaten. Mehr weiß ich nicht. Mehr sah ich nicht.

Ich erinnere mich nicht mehr, wie ich es schaffte, mich bis zur Świętojerskastraße zu schleppen. Doch vom Hof sah ich zum Fenster unserer Wohnung hinauf und erblickte meine Mutter, die, als sie mich gewahrte, entsetzt die Hände vors Gesicht preßte.

Doch dann gab es Wasser, um mich zu waschen, es gab zu essen, eine Menge zu essen, und es gab ein Bett – mein eigenes Bett.

Tatsächlich gab es reichlich Lebensmittel zu Hause. Seit September hatten sich die Gewohnheiten der Warschauer auffallend geändert. Hamsterten sie? Kümmerten sie sich nicht mehr um eine Währung, die faktisch jeden Wert verloren hatte? Es war vor allem der Gedanke an den Hunger, der das Bedürfnis nach Lebensmitteln steigerte und zum Hamstern anspornte. Noch lieferte das Umland Milch, Käse und Fleisch.

So begann für mich die Kriegszeit als Bewohnerin Warschaus.

Stefan kam zwei Tage nach mir. Er hatte mit etwas weniger Komplikationen dieselbe Route genommen wie ich. Es war sinnlos, noch immer unsere Heirat vor seinen Eltern geheimzuhalten. Außerdem hatte der Krieg ihre Einstellung zu dieser verfrühten Bindung zweier Studenten verändert. Also zogen wir nun in unserer Wohnung zusammen. Bevor wir irgendwelche weiteren Beschlüsse fassen konnten, wurde ich krank. Es begann mit einem «harmlosen» Zahnschmerz, der allerdings, wie es sich herausstellte, von einem Abszeß herrührte. Mehrere Monate des Hungerns hatten meine Widerstandskraft geschwächt; ich erlitt einen regelrechten Zusammenbruch und zog mir eine schwere Infektion zu. Zweimal mußte der Abszeß operiert werden. Alles in allem dauerte die Sache bis Ende Februar 1940.

Ich verließ das Krankenbett während der schlimmsten Phase dieses ersten Kriegswinters. Das Haus war kalt. Im Eßzimmer stand ein Öfchen, dessen Abzugsrohr einfach zum Fenster hinausführte. Wir drängelten uns um diese Feuerstätte und wärmten uns Hände und «Vorderseiten», während unsere Rücken kalt waren wie Eis. Etwas Geld zu verdienen, das zum Leben reichte, wurde immer schwieriger. Mama begann dort zu arbeiten, wo sich ihre alte Grundschule befunden hatte (die Oberschule war niedergebrannt). Sie richtete eine «Kinderküche» ein, wo die Lehrer wenigstens ein kleines bißchen Unterricht zu geben versuchten. Ich weiß nicht, ob sie dafür in irgendeiner Form bezahlt wurde, doch sie brachte jeden Tag in einer Blechbüchse, in der sich einst Essigkonserven befunden hatten, ihre «Suppenzuteilung» mit. Wir aßen sie zu dritt, und dies machte das Leben leichter. Stefan, der an seine Eltern denken mußte – sie waren beide schon alt, und sein Vater erholte sich gerade von einer Gehirnblutung –, begann die Überreste der Bestände seines Vaters zu verkaufen: Chemikalien, aromatische Öle und andere Substanzen, die man zur Herstellung von Ersatznahrungsmitteln benötigte. Er setzte die zuvor von seinem Vater praktizierte Zusammenarbeit mit der Firma Strójwąs fort, eine Tatsache, die sich für viele als wertvoll erwies.[*] Hilfe erhielt er dabei von seinem Bruder Mietek.

* *Die Strójwąs-Produktionsgesellschaft, die Suppenpulver, Brühwürfel und dergleichen herstellte, durfte auch während der deutschen Besetzung Polens weiterarbeiten. So mancher Ghettobewohner, dem es gestattet*

Dieser erste Kriegswinter im besetzten Warschau war hart und eiskalt. Schnee und Schutt bedeckten die wegen der angeordneten Verdunklung lichtlosen Straßen. Überall Ruinen. Ziegelsteine und Platten von Mauerputz fielen von den verrußten Wänden ausgebrannter Häuser. Wo noch Menschen hausten, ersetzten Bretter die zerborstenen Fensterscheiben. Zwar kamen aus dem Umland noch immer Nahrungsmittel in die Stadt, doch sah man sich bereits mit dem Gespenst des Hungers konfrontiert, denn das Geld hatte seinen Wert verloren, und man war weitgehend auf Tauschhandel angewiesen. Und Gefahr war im Verzug. Man hörte erstmals von Judenverfolgungen, erstmals wurden Juden auf offener Straße angerempelt und mit Füßen getreten, weil sie nicht rasch genug zur Seite gesprungen waren, erstmals gab es Schüsse auf wehrlose Straßenpassanten. Gerüchte schwirrten umher – anfangs noch voller Hoffnung. Als aber Paris gefallen war, breitete sich immer mehr Hoffnungslosigkeit und Angst aus. Doch wir jungen Leute ließen uns den Mut nicht nehmen. Allem zum Trotz würde der Sieg schließlich unser sein. «Bis zum Frühling» – so lange mußten wir aushalten. Zu tun gab es manches. Mietek bekam rasch Arbeit im Kinderkrankenhaus am Czyste und redete mir zu, eine Stelle als Assistenzärztin in der zum selben Haus gehörenden Klinik für Erwachsene anzunehmen. Doch ich sah mich in meinen Träumen als Kinderärztin. Unsere Schulärztin, Frau Dr. Klemensia, kam mir zu Hilfe. Ihre Tochter war als Lernschwester am Berson-Bauman-Krankenhaus tätig.

«Möchtest du dort arbeiten?» fragte sie mich.

«Sehr gern», erwiderte ich.

wurde, außerhalb der Ghettomauern zu arbeiten, fand hier einen Arbeitsplatz. Vor dem Krieg war der Firmeninhaber Strójwąs ziemlich antisemitisch eingestellt gewesen, doch während des Kriegs half er vielen Juden, die ihn kannten.

Erster Teil
Übermenschliche Pflichterfüllung

Das Berson-Bauman-Krankenhaus

AM KANONENOFEN

Im Kanonenofen brennt ein Feuerle,
In der Stub ist es heiß,
Und der Rebe lehrt kleine Ingele
Das Alef-bet.
Paßt auf, teure Ingele,
Was er euch lehrt,
Sagt es nach, sagt es immer nach:
Gimel, Alef, Bet.
Lernt, ihr Ingele, habt keine Angst,
Aller Anfang ist schwer,
Glücklich, wer die Tora studiert,
Was braucht er noch mehr?
Wenn ihr Ingele einst älter seid,
Werdt ihr sein gescheit
Und die Tränen sehn in der Schrift
Und das viele Leid.

JIDDISCHES VOLKSLIED

1. Kapitel
Das Krankenhaus in der Siennastraße

Am 11. März 1940 stellte ich mich Frau Dr. Anna Braude-Hellerowa, der Chefärztin des Berson-Bauman-Krankenhauses an der Warschauer Siennastraße, vor. Ich kannte sie schon ein wenig, diese kleine, schwarzhaarige Dame mit ihrer tiefen Altstimme, die sich für ihr Gewicht mit überraschender Flinkheit bewegte.

Sie war die Mutter eines meiner engen Freunde aus derselben Studiengruppe an der Universität, Arik Heller*, und die Schwiegermutter einer engen Freundin aus meiner Kindheit, Marysia Natanblut. Dennoch schlug mir das Herz bis zum Halse, als ich in ihr Büro ging.

Die Chefärztin verkörperte sämtliche Träume und Phantasien jeder jungen Studentin, die als Kinderärztin ausgebildet war. Sie war eine sehr bekannte und geachtete Ärztin mit hervorragendem Organisationstalent und starkem sozialem Engagement. Abgesehen davon aber hatte sie – und für ein junges Mädchen, das noch «in höheren Regionen» schwebte, war dies nicht unwichtig – eine romantische Ausstrahlung. Stets war sie schwarz gekleidet. Nachdem ihr Sohn – welch eine Ironie! – an einer unerkannten Blinddarmentzündung gestorben war, hatte sie nie mehr zu trauern aufgehört. Später, als ich schon eine Weile an ihrer Klinik arbeitete, sagte sie mir, dies sei ihre größte Sünde gegen Arik gewesen, den sie der Freuden und der Unbeschwertheit seiner Jugend beraubt habe. Doch das war später. Diesmal blickte sie über den Brillenrand auf das verängstigte Mädchen, das vor ihr stand, und sagte

---

* *Die Studenten an der Medizinischen Fakultät der Warschauer Universität wurden alphabetisch in Gruppen von 20-25 Personen aufgeteilt. Die Verfasserin trug damals ihren Mädchennamen Adina Hertzberg-Szwajgier.*

nur: «Sie möchten bei uns arbeiten – fein. Ich teile Sie der Inneren Abteilung als Assistentin von Dr. Keilson zu. Gehen Sie aber bitte zunächst zu Dr. Skonieczny, eine Tür weiter, und melden Sie sich bei ihm.»

Ich bedankte mich höflich. Als ich an der Tür war, sagte sie in völlig verändertem Tonfall: «Und Arik und Marysia sind nicht zurückgekommen…»

Ich wandte mich um und sagte im Hinausgehen: «Ich glaube, sie werden bald zurück sein, Frau Doktor!»

Es stimmte. Sie kamen zwei Wochen später; Marysia war hochschwanger.

In Dr. Skoniecznys Büro blickte mich ein schlanker Mann mittleren Alters über die Brille an und fragte mit schrecklich deutschem Akzent: «So, junge Dame, Sie möchten hier arbeiten, ja? Als Lernschwester?»

Gut, ich sah wie achtzehn aus. Bis ins Innerste errötend, erwiderte ich: «Nein, ich habe Medizin studiert und wurde als Internistin der Inneren Abteilung zugewiesen.»

«Ach, das ist gut. Bitte melden Sie sich auf der Station!»

«Danke.»

Ich ging aus dem Büro und dachte: Dieser Deutsche ist nicht ganz übel. Dr. Wacek Skonieczny! In all den schrecklichen Jahren, da Sie sich als unser Freund erwiesen, haben wir nie wieder von dieser ersten Begegnung gesprochen.

Inzwischen ist Dr. Wacław Skonieczny verstorben. Er war ein Pole, aber in Deutschland aufgewachsen und ausgebildet. Vermutlich hatte er es seinem fehlerlosen Deutsch zu verdanken, daß er von den Deutschen zum «Dekan»* ernannt worden war. Ich weiß es nicht. Mag sein, daß er die Volksliste** unterschrieben hatte. Auch das weiß ich nicht. Aber ich weiß, daß er der Geschichte des Krankenhauses in der Siennastraße sein eigenes «Dekan-Kapitel» hinzugefügt hat. Nicht nur, daß er uns keinerlei Schwierigkeiten in den Weg legte – er tat alles, was er nur konnte, um uns zu helfen. Doch im Moment hatte ich

---

* *Dekan. Von den Deutschen eingesetzter Leiter eines Krankenhauses.*
** *Volksliste. Liste, die von Bürgern deutscher Abstammung («Volksdeutschen») unterzeichnet wurde, die zwar nicht die volle deutsche Staatsbürgerschaft der «Reichsdeutschen» besaßen, aber doch ihre Bindung an Deutschland bekundeten und dafür zusätzliche Rechte erhielten.*

begonnen, meine eigene kleine Rolle in der Geschichte der alles Menschenmögliche überschreitenden Medizin, der Geschichte des Kinderkrankenhauses im Warschauer Ghetto, zu spielen.

Ich erinnere mich nicht mehr, wer mich hinauf zum zweiten Stock begleitete, hinauf durch jene unvergeßliche Eingangshalle mit ihrer halbkreisförmigen, doppelläufigen Treppe. (Als nach dem Krieg dasselbe Gebäude als «Krankenhaus für die Kinder Warschaus» wiedereröffnet wurde, traf ich eine unserer Ärztinnen, Dr. Kachane-Kochańska, am Fuß der Treppe, und wir beide standen lange dort, sprachlos, hilflos, überwältigt von den Erinnerungen, die dieser Ort in uns wachrief.) Wahrscheinlich war es Jozio Ferszt, der Verwalter, der damals mit mir emporstieg. Auf jeden Fall erhielt ich von ihm zwei Kittel: einen, der vorn zugeknöpft wurde, und einen anderen, der darüber zu tragen war und die Knöpfe auf dem Rücken hatte. Ferner bekam ich gemäß den Vorschriften eine Kappe und einen Mundschutz. Dann betrat ich die Station. Damals, am 11. März 1940, war es noch eine ganz gewöhnliche, propere Station mit von Glaswänden unterteilten Räumen, so daß die Schwestern stets überblicken konnten, was sich abspielte, mit weißen Betten vor weißen Wänden und normalen Kindern mit ganz gewöhnlichen Krankheiten. Allenfalls war sie vielleicht etwas überbelegt, und außerdem war hier die Nahrungsbeschaffung etwas schwieriger als sonst. Doch noch immer bekamen Säuglinge ihre gewohnten Mixturen Nr. 1, 2, 3, 4 «angesäuert» (wie man damals sagte) sowie «Dobo». Und für die, die etwas bessere Nahrung benötigten, hatten wir sogar noch extra Eier und Kakao! Es war also eine ganz gewöhnliche Klinik, nur vielleicht ein wenig besser, denn sie hatte eine große Tradition, eine Tradition, die große polnische Ärzte wie Dr. Gantz, Dr. Srebrny, Dr. Simchowiczowa und viele, viele andere begründet hatten, die Tradition einer Klinik für alle Kinder, gleich welchen Glaubens – wahrhaftig einer «Klinik für die Kinder Warschaus».

An jenem Tag traf ich Hela Keilson, von der ich mich nicht trennte, bis man uns am 22. April 1943 in unserem kleinen Café in der Miodowastraße «hochgehen» ließ und

Marysia und ich plötzlich ohne Papiere, ohne Geld, ohne alles – vor allem ohne Dach über dem Kopf – auf der Straße standen, während Hela und Marysias Schwester Halina verhaftet und ins Pawiak-Gefängnis* eingeliefert wurden. Halina brach bei den Verhören zusammen; sie gestand, daß sie Jüdin war, und wurde erschossen. Hela, die sich Janina Małecka nannte, hielt durch und wurde nach Auschwitz verschleppt. Sie überlebte das Todeslager, ging nach der Befreiung nach Schweden und kehrte nie mehr nach Polen zurück. Ich erhielt nur einen einzigen Brief von ihr, dann brach sie sämtliche Kontakte zu uns ab. Warum? Ich weiß es nicht. Aber dies war sehr viel später. Zu gegebener Zeit komme ich darauf zurück.

Doch damals war der erste Tag, an dem wir zusammen-arbeiteten, und wir hielten unsere erste Visite ab. Die Oberärztin der Station, Dr. Lichtenbaumowa, fehlte wegen Krankheit. So ging Hela routinemäßig mit Jurek Rotbalsam (dem zweiten Assistenten) und der Stationsschwester, der sie ständig Anweisungen diktierte, von Bett zu Bett. Zum erstenmal in meinem Leben nahm ich nicht mehr nur als Studentin an einer Visite teil, sondern «in Ausübung meiner ärztlichen Pflichten».

Man gab mir Krankengeschichten zum Tragen. Ich wußte schon, daß ich sie unter den wachsamen Blicken Helas – damals für mich noch Frau Dr. Keilson – würde niederschreiben müssen. Ich war glücklich, glücklich und voller Begeisterung für das, was sich vor mir auftat: die ärztliche Betreuung von Kindern.

Am Anfang stand also ein Glücksgefühl.

Später freilich gewann ich immer tiefere Einblicke, und das Glücksgefühl wich einer Empfindung der Hilflosigkeit. Schließlich hielt uns einzig der Gedanke aufrecht, daß wir als Menschen unsere Pflichten zu erfüllen hätten und da seien, um anderen zu helfen.

Deshalb war diese Tätigkeit «übermenschlich», und deshalb auch ist sie das Schönste, was von damals übrig ist, mag es auch schmerzen wie eine tiefe Wunde.

* Das Pawiak-Gefängnis, benannt nach der Pawiastraße, war von der Gestapo eingerichtet worden. Die inhaftierten Polen und Juden wurden hier verhört und gefoltert.

2. Kapitel
Erste Begegnung

Im Frühjahr 1940 gab es eine Meningitisepidemie. Die Behandlung bestand damals darin, daß man dem Patienten unmittelbar in die Gehirn-Rückenmarks-Flüssigkeit Serum injizierte. Sehr bald beherrschte ich meine Rolle bei den Punktierungen. Ich hatte die Spritze rasch mit Serum zu füllen (was allerdings nicht ganz leicht war), so daß sie im selben Augenblick voll war, wenn die Körperflüssigkeit auslief, und anschließend das Röhrchen mit der Flüssigkeitsprobe zu nehmen und in den Ständer zu stellen. Um den Kopf des Kindes mit dem steifen Hals festzuhalten und dann nach hinten zu biegen, war beachtliche Kraft nötig. Deshalb wurde dies meistens von einem Mann ausgeführt. Doch eines Tages verlor der diensttuende Mann (ich weiß nicht mehr, wer es war) das Kind aus dem Griff, als es sich plötzlich streckte, die Nadel der Spritze brach ab und blieb zwischen den Wirbeln stecken.

«Ruf den Chirurgen!»

Das Telefon war unten in der Eingangshalle, und zwar im Labor. Ich weiß nicht, wie ich es schaffte, vom zweiten Stock hinunterzurennen, doch ich erinnere mich noch, daß ich auf halber Höhe des ersten Stocks über das letzte Stück des Treppengeländers sprang und ins Labor stürmte.

«Sofort den OP anrufen! Eine Nadel ist in der Wirbelsäule abgebrochen.»

So platzte ich ohne ein Wort der Entschuldigung, ohne ein «Guten Morgen», ohne mich dieser zierlichen Frau im weißen Kittel vorzustellen, die, wie ich später zu sagen pflegte, ihren Namen nicht auf die Stirn tätowiert hatte, in das Büro von Frau Dr. Tosia Goliborska-Gołąbowa, der Leiterin des Labors, die in der Kredytowastraße ein eigenes Labor besaß, die Ärztin des Präsidenten und eine

31

große Dame war. Sie war zutiefst ungehalten über die «schlechten Manieren des Mädchens», das da wie eine Furie in ihr Reich einbrach. Dennoch tat sie, worum ich sie bat.

So katastrophal begann meine Bekanntschaft mit Tosia, eine Bekanntschaft, die zu einer großen und schönen Freundschaft wurde. Diese Freundschaft überdauerte den Krieg, zerbrach aber in der Nachkriegszeit. Tosia, die noch in den sechziger Jahren, als sie in Polen war, voller Wärme und Freundlichkeit war, war tödlich beleidigt, weil ich ihr eine Tonvase nicht schicken konnte, die sie hier gekauft hatte. Unglücklicherweise war das Gefäß zerbrochen, als ich es verpackte. Sie gestattete mir nicht, den Schaden wiedergutzumachen. Sie weiß nicht einmal, daß meine Einstellung zu ihr sich nicht geändert hat, daß ich mich an sie, die heute irgendwo in Australien lebt, als eine Frau erinnere, die in der Klinik so wunderbar «den Ton angab» und uns stets half, so zu leben, wie unsere Menschlichkeit es uns befahl. Sie weiß auch nicht, daß ich es nie vergessen habe und nie vergessen werde, wie sie mir an jenem schrecklichen 30. Juli 1942 beistand, als ich erfahren hatte, daß meine Mutter tags zuvor festgenommen, verschleppt worden war. Tosia nahm das Risiko auf sich, eigens für einen Tag ins Ghetto zu kommen, nur um mich nicht allein zu lassen. Als wir an jenem Tag am Fenster des Krankenhauses standen, das zur Żelaznastraße hinausging, und auf den traurigen Zug der Menschen blickten, die man zum «Umschlagplatz»* trieb, stand Tosia neben mir und hielt meine Hand.

Doch da gab es unser Krankenhaus an der Siennastraße schon nicht mehr. Das ganze «kleine Ghetto»** jenseits der Brücke über die Chłodnastraße gab es nicht mehr. Es war der Anfang vom Ende.

---

* *Umschlagplatz. Auf dem Platz an der Stawkistraße unmittelbar beim Bahnhof, der früher als Verladeplatz gedient hatte, wurden die Juden aus dem Ghetto zum Abtransport nach Treblinka zusammengetrieben; manche wurden bereits auf dem Platz umgebracht.*
** *Das Ghetto wurde durch die Chłodnastraße in zwei unterschiedlich große Teile geteilt, den größeren nördlichen und den kleineren südlichen Teil, das sogenannte kleine Ghetto. Das Berson-Bauman-Krankenhaus an der Siennastraße lag im «kleinen Ghetto», das Krankenhaus an der Stawkistraße dagegen im «großen Ghetto».*

3. Kapitel
Quarantäne

Doch vorerst sind wir noch im Frühjahr 1940. Wir befinden uns weiterhin in jenem wunderbaren Krankenhaus, in dem für jeden – von der Chefärztin über die Ärzteschaft, die Schwestern und das gesamte Verwaltungspersonal bis hin zur letzten Hilfsschwester und zum letzten Pfleger – die Kinder an allererster Stelle kamen. Anfangs waren es Patienten mit «normalen» Krankheiten, die wir allerdings durchaus nicht alle erfolgreich behandeln konnten, denn die Medizin war damals noch viel hilfloser als heute. Später kamen dann immer mehr Kinder mit grotesk angeschwollenen Bäuchen, die vom Hunger aufgebläht waren – Körper mit Armen und Beinen aus Haut und Knochen, die wie Stöcke an schlecht gearbeiteten Puppen aussahen. Manchmal konnten wir diese Kinder retten mit ein wenig Traubenzucker und Vitamin C, etwas Milchpulver, ein paar Gramm Margarine, einigen Tropfen Magermilch, die noch übrig waren. Aber auch diese Zeiten waren noch nicht gekommen. Im Frühjahr 1940 hatten wir sogar noch Hoffnung. Hoffnung, daß wir uns schon durchschlagen würden – «denn schließlich muß das alles ja irgendwann ein Ende haben» –, und Hoffnung, ein Leben führen zu können, dessen wir uns nicht zu schämen brauchten.

Mein «Einstand» in diesem Krankenhaus begann mit dessen Schließung durch die deutschen Behörden unter dem Vorwand, es sei dort Fleckfieber ausgebrochen. So wurden das gesamte Personal und sämtliche Patienten in dem Gebäude eingeschlossen; vor dem Portal bezog ein «marineblauer Polizist»* Posten. Nachts schliefen wir im

---

* Es gab in Warschau zur Zeit der deutschen Besetzung zwei Polizeitruppen: die «Schutzpolizei», deutsche Gendarmen in grünlichen Uni-

großen Bibliothekssaal nebeneinander auf dem Boden, und die Gründer der Klinik, die Bersons und die Baumans, schauten von ihren Porträts auf uns herab. Gegessen wurde in der Kantine; die Mahlzeiten bestanden aus einem Teller wäßriger Suppe für jeden. Gebadet wurde im Waschraum in der Halle, im «Bad auf dem Katafalk», wie wir es nannten (vor dem Krieg war dies die Eingangshalle gewesen – die Badewanne stand auf einem Podest). Und wir wurden eine Familie. Dieses schreckliche Vorgehen der deutschen Machthaber – Menschen in Quarantäne zu isolieren, sie von ihren Familien und ihren Wohnungen zu trennen, sie Hunger und Unbequemlichkeiten zu unterwerfen – schweißte alle in der Klinik Tätigen zu einer verschworenen Gemeinschaft zusammen, die durch nichts auseinanderzureißen war.

Wahrscheinlich geschah es während dieser Zeit der Abschottung, daß sich unsere «Gruppe» herausbildete – ein Kreis enger Freunde, der auch eine so unbedeutende Person wie eine junge Internistin aufnahm. Zu dieser Gruppe gehörten auch die beiden Schwestern Keilson: Hela, die Ärztin, und Dola, die älteste Angehörige des Krankenhauspersonals und die «Heldin am Krankenbett», so genannt, weil sie persönlich bei jedem schwerkranken Kind Wache hielt, gleichgültig, wie viele Arbeitsstunden sie schon hinter sich hatte. Anderen Schwestern überließ sie nur Patienten, die sich schon auf dem Weg der Besserung befanden. 1943 wurde Dola Keilson in Otwock erschossen, weil sie bis zuletzt eine «Heldin am Krankenbett» war. Schön, streng, betörend mit ihrem kupferroten Haar, das sie zu einem Knoten gebunden hatte, gab sie ihren sicheren Unterschlupf auf der «arischen Seite» auf, um ihrem einstigen Ehemann beizustehen, von dem sie schon lange geschieden war und der nun, an Tuberkulose erkrankt, im Sterben lag. Irgendein Lump denunzierte sie. Man brachte sie ins Gestapo-Hauptquartier nach Otwock, doch sie hielt bis zum Ende durch. Als man sie

formen, und die Policja Granatowa, die unter deutscher Kontrolle stehende polnische Polizei. Hinzu kam der «Jüdische Ordnungsdienst», die von den Deutschen aufgestellte jüdische Polizeitruppe, die nur innerhalb des Ghettos tätig war.

fragte, ob sie wisse, daß sie einen Juden gepflegt habe, antwortete sie, sie sei Krankenschwester und habe einen kranken Mann gepflegt.

«Und würden Sie auch einen Deutschen pflegen?»

«Wenn er menschlich wäre, ja.»

Dann war da Tosia Goliborska-Gołąbowa. Aus ihrer Wohnung in der Kredytowastraße vertrieben, die man zu einem «Deutschenviertel» gemacht hatte, wohnte sie nun in dem Raum neben dem Labor. Hierher hatte sie auch den verbliebenen Teil ihrer Bestände an Meißner Porzellan, Kristallgläsern und Teppichen gerettet. Unter ihrer Leitung blieb gewährleistet, daß wir unsere Standards nicht zu senken wagten.

Die einzige Laborantin war Fecia Fersztówna, die Schwester des Verwalters, eine Frau aus einer frommen und armen Familie mit unscheinbarem Gesicht und goldenem Herzen; sie war eine wunderbare Freundin.

Auch Marek Edelman gehörte zu der Gruppe. Er war damals der Botengänger des Krankenhauses und sprudelte förmlich über von skurrilen Ideen und kindisch anmutender Albernheit. Mich hatte man letztlich wohl aus demselben Grund in den Kreis einbezogen, verfügte ich doch gleichfalls über eine lebhafte Phantasie und war stets zu handfesten Scherzen aufgelegt; vielleicht war es aber auch deshalb, weil ich, zumindest vorderhand, keine Furcht kannte.

Später stieß Anna Margolisowa zu der Gruppe, eine Ärztin, die nach dem Tod ihres Mannes, den man in Łódź erschossen hatte, nach Warschau gekommen war, um hier unterzutauchen. Ich weiß nicht mehr, wann sich die Krankenhaussekretärin Bronka Feinmesser (Marysia) uns anschloß; auf jeden Fall war es nach der Quarantäne, die einige Wochen dauerte.

Von Zeit zu Zeit luden wir Gäste – so Jozio Ferszt, Dr. Leneman und die bezaubernde Frau Dr. Kachane-Kochańska (die nach dem Krieg eines natürlichen Todes starb) – zu unserem gemeinsamen Frühstück, das jeweils um zehn Uhr im Labor stattfand. Dieses «Frühstück» war unsere tägliche Hauptmahlzeit. Es wurde auf Tellern aus Meißner Porzellan serviert, und wir tranken aus Kristallgläsern. Das Essen bestand aus in waffeldünne Scheiben geschnittenen Brotportionen zu je hundert Gramm und zehn Gramm Rübenmarmelade oder fünf Gramm «Affenfett». Dazu tranken wir ein Glas mit fünfundzwanzig Gramm reinem, unverdünntem Alkohol, den wir in einem einzigen Schluck einnahmen. Dieses eine Glas machte uns nicht betrunken, erleichterte uns aber die Arbeit. Erst später entdeckten wir seinen Wert als Kalorienspender, als in Perioden extremen Hungers keiner aus unserer Gruppe Hungerödeme bekam. Die zweihundert Extrakalorien, die das Glas enthielt, entpuppten sich als lebenswichtig. Und nach der Abriegelung des Ghettos erwies sich der Schnaps als unsere einzige Rettung. Mit seltsamer Inkonsequenz versorgten die Invasoren uns Ärzte, sosehr sie uns auch sonst unserer Lebensmittel beraubten, mit Alkoholzuteilungen.

4. Kapitel
Alltag im Krankenhaus

Mit Riesenschritten näherte sich der Zeitpunkt der Abriegelung des Ghettos.* Wie sich das Straßenbild veränderte, so änderte sich auch der Alltag in der Klinik. Aus einer ganzen Reihe größerer und kleinerer Städte wurden Juden nach Warschau deportiert. Auf den Straßen gewahrte man infolgedessen immer mehr ausgehungerte, abgerissene Gestalten, die um ein Stück Brot bettelten. In unser Krankenhaus kamen immer mehr Kinder, die an Parasiten wie Flöhen oder Läusen sowie an Pilzerkrankungen litten. Immer mehr abgezehrte Kinder starrten uns aus Elendsgesichtern an, die nichts Kindliches mehr hatten; immer mehr von ihnen litten an Tuberkulose.

Die Tuberkulosestation hatte im dritten Stock drei Räume für Kinder, für die keine Hoffnung mehr bestand. Kinder, die damals Tuberkulose hatten, wurden nicht mehr gesund. Leiterin dieser Abteilung war Frau Dr. Margolisowa, die ebenso wie die Chefärztin der Auffassung war, der Krankenhausbetrieb müsse wie gewohnt weitergehen, genauso wie vor dem Krieg; die geheiligte Routine der ärztlichen Pflichterfüllung dürfe nicht um ein Jota verändert werden. Das hieß: morgens Ausgabe der Medikamente, Abnahme von Blutproben, Visiten, Niederschrift ärztlicher Verordnungen, dann Registrierung der Krankengeschichten, so daß sie jederzeit sofort greifbar waren. Daß diese Krankengeschichten vielleicht niemandem nutzten, durften wir nicht einmal denken, auch nicht, daß irgend etwas unversucht bleiben dürfe, wenn es um ein krankes Kind ging.

Jeder Tag im Krankenhaus begann mit einer «Lagebesprechung» im Büro der Chefärztin, wobei wir nicht nur

* *Das Ghetto wurde im November 1940 abgeriegelt.*

37

Neuzugänge oder schwierige Fälle diskutierten, sondern uns auch für jeden Todesfall auf der Station zu verantworten hatten. Vor allem war der Nachweis zu erbringen, daß alles Menschenmögliche getan worden sei, um das Leben des Patienten zu retten. Und Rechtfertigungen dieser Art wurden immer häufiger nötig…

Es begann damit, daß Säuglinge, die man aus dem Findlingsheim zu uns gebracht hatte, innerhalb von kaum zwei Wochen starben. Die ausgemergelten, völlig unterernährten Babys starben an einer Gesäßmuskelinfektion, weil sie keinerlei Widerstandskraft mehr besaßen. Eines nach dem anderen starb, da half keine Pflege, keine Medikation, und auch das wenige, was uns an Spezialnahrung zur Verfügung stand sowie das Verbinden der atrophisch degenerierten Hautpartien vermochten nichts auszurichten. Sie alle starben rasch, fast ohne zu weinen.

Dann begann das Sterben auf der TB-Station. Die kleinen Patienten verbrachten dort in der Regel eine lange Zeit, und sie durften auch nicht hinunter in den Garten, um keine anderen Kinder anzustecken. Diese Kinder erschienen mir immer irgendwie seltsam. Angesichts der Unausweichlichkeit ihres Schicksals früh gereift, waren sie doch den Schrecknissen des Alltags im Ghetto enthoben, als umgäbe sie eine unsichtbare Mauer. Es waren Kinder, die kluge Bücher lasen und vom Leben sprachen, aber nicht vom Leben im Krieg. Einige von ihnen waren aus dem Korczak-Waisenhaus* zu uns gekommen, unter ihnen der schöne dreizehnjährige Ariel, der Geige spielte. Und da war auch Zosia, ein Jahr älter als er. Und da war ihre Liebe. Die Liebe zweier Kinder. Oder vielleicht die Liebe zweier zu Erwachsenen Herangereifter, deren gesamtes Leben von der Kindheit bis zur Reife sich in einem einzigen Kriegsjahr auf der TB-Station der Kinderklinik

---

* Der Arzt, Schriftsteller und Erzieher Janusz Korczak (Pseudonym für Henryk Goldszmit) hatte vor dem Krieg ein Waisenhaus gegründet, das später dem Ghetto einverleibt wurde. Als man ihm freistellte, während der Deportationen im Ghetto zu bleiben, ging er mit seinen Kindern lieber zum Umschlagplatz und damit in den sicheren Tod. Tagebücher schildern die disziplinierte Kinderschar, die unter seiner Führung das Ghetto verließ.

abspielte. Ich freundete mich mit den beiden an. Jeden Tag mußte ich nach drei Uhr zu ihrer Station, und dann hatten wir lange Gespräche miteinander und lasen gemeinsam. Als ich mich später mit Scharlach infizierte und sechs Wochen auf der Station für infektiöse Krankheiten unmittelbar neben der TB-Station zubrachte, half ich ihnen während der letzten beiden Wochen, als ich keine Infektionsgefahr mehr darstellte, einen «künstlerischen Abend» zu gestalten. Ariel spielte Violine, und die winzige, erst sechs Jahre alte Ryfka tanzte den Tanz des sterbenden Schmetterlings. Sie war so zart und schön wie ein Schmetterling und liebte grellbunte Farben und Glasperlen, so daß wir sie «das Hottentottenmädchen» nannten. Wie fröhlich sie lachte in ihrem weißen Kreppmiederchen mit den bunten Bändern, mit ihren Drahtflügelchen, die mit Papierblumen besetzt waren!

Und wie ein Schmetterling schlief sie nur wenige Wochen später in ihrem Bettchen ein, um nie mehr aufzuwachen. Etwas später dann, an meinem Geburtstag, dem ersten Frühlingstag des Jahres 1941, starb auch Ariel. Er hatte einen schweren Tod. Erstickender Husten quälte ihn, und immer wieder würgte er Blut hervor. Wir gaben ihm Morphin. Am selben Tag, meinem vierundzwanzigsten Geburtstag, bekam ich ein Geschenk, das im Ghetto ganz außergewöhnlich war: drei frisch geschnittene gelbe Narzissen.

Ariel lag im Leichenraum des Krankenhauses. Ich ging zu ihm und legte diese drei Blumen auf ihn. Mehr hatte ich nicht zu geben. Meine Hände waren leer, und ich fand keine Worte, um Abschied von einem Kind zu nehmen, das hätte leben sollen.

An jenem Tag war ich feige. Ich ging nicht hinauf zur TB-Station. Ich konnte Zosia nicht in die Augen sehen, Zosia, die in ihrem kurzen Leben schon Liebe und Tod erfahren hatte. Ich konnte nicht das leere Bett eines Kindes ansehen, das mir so nahe gewesen war, als wäre es mein eigenes.

Als ich auf das Tor des Krankenhauses zuging, ganz meiner Feigheit bewußt, hörte ich nach mir rufen. Es waren die Kinder der TB-Station. Sie hatten mich durchs Fenster gesehen. Ich kehrte um, und oben bekam ich zu hören: «Frau Doktor, wir wissen, warum Sie heute nicht zu uns gekommen sind. Aber haben Sie keine Angst! Wir sind nicht verzweifelt. Schließlich wird es uns allen ebenso ergehen.»

Tags darauf ging es bei der «Lagebesprechung» um Ariels Tod. Doch diesmal mußte sich niemand rechtfertigen. Wir wußten schon, daß wir immer weniger tun konnten, um Leben zu retten; wir konnten unseren Patienten meistens nichts anderes mehr bieten als einen möglichst sanften Tod. Auf der Suche nach der Gnade eines solchen ruhigen Todes schlich sich an einem kalten Herbsttag ein verwahrlostes, obdachloses Kind nackt vor das Krankenhausportal und weinte so erbärmlich, daß es wie das Klagen eines verwundeten jungen Hundes klang; es bat um Einlaß, weil es allein und hungrig sei und friere. Und als ich eines Abends das Krankenhaus verließ, trat ich auf etwas Weiches: den aufgedunsenen Leichnam eines Kindes, den man mit Zeitungspapier zugedeckt hatte.

Hungernde Kinder – es gab in der Inneren Abteilung immer mehr von ihnen, bis sie schließlich sämtliche Betten einnahmen.

Morgen für Morgen machten wir unsere Visiten in Krankenzimmern, die noch immer weiß getüncht waren, aber das Weiß hatte nun die Farbe des Todes. Jeden Morgen blickten wir auf die aufgeblähten, deformierten Leiber, sahen in die ausdruckslosen Augen und lasen mit dem gleichen Entsetzen, wie alt diese alterslosen Geschöpfe waren: vier, fünf, sechs, bisweilen auch zehn oder zwölf Jahre. Tief in ihren Höhlen liegende Augen starrten auf uns zurück, Augen voll so entsetzlichem Ernst und solcher Trauer, daß in ihnen das ganze Leid der zweitausend Jahre jüdischer Diaspora zu liegen schien. Hände lagen bewegungslos auf der Bettdecke, winzige Kinderhände mit abgeknabberten Fingernägeln, braun oder bleich, dieselben Hände, die noch wenige Monate zuvor eine Mutter zärtlich geküßt und gestreichelt hatte. Kinderhände, stets voller Leben und freudiger Bewegung, nun kraftlos, unfähig, sich zu rühren.

Nein, das stimmt nicht. Niemand gab sich der Verzweiflung hin. Nicht die Pfleger und Pflegerinnen, die sich mühsam mit geschwollenen Beinen fortbewegten (schließlich verschonte der Hunger auch sie nicht), nicht die Schwestern, die sich ohne Rücksicht auf ihren Dienstplan zehn bis zwölf Stunden am Tag abrackerten. Auch wir, die Ärzte, verrichteten unseren Dienst und brachten nicht nur die spärlichen Medikamente herbei, die wir intravenös in geschwollene Arme spritzten, sondern auch die nicht minder spärlichen Lebensmittelzuteilungen, die wir Joint* verdankten: eine halbe Portion Eipulver, zehn Gramm Margarine, Schätze, die wir dem Pflegepersonal nicht anvertrauen konnten – nicht weil die Leute unehrlich gewesen wären, sondern weil wir sie, die vor Hunger umkamen, nicht den Qualen der Versuchung aussetzen wollten.

Hunger ist schrecklich. Und hier herrschte wirklicher Hunger, jene Art von Hunger, die tödlich ist. Als ich 1974, von Freunden eingeladen, eine Ausstellung von Fotos aus dem Ghetto besichtigte, die im Institute for Jewish Research in New York stattfand, entdeckte ich ein Foto von unserer Krankenhausstation mit Hela Keilson und Sabina, an deren Nachnamen ich mich nicht mehr erinnere. Ich weiß nur noch, daß sie sich mit übermenschlicher Kraft auf ihren geschwollenen Beinen hielt und jene schweren, hilflosen Leiber hob, sie wusch, ihr Bettzeug wechselte und ihnen frische Windeln gab – bis sie eines Tages nicht zum Dienst erschien. Vom Hunger niedergeworfen, lag sie auf einer schmutzigen Pritsche und erwartete den Tod. Doch es gelang uns, sie damals zu retten. Tag für Tag übernahmen wir nach der Arbeit im Krankenhaus abwechselnd die Aufgabe, Mitarbeiter zu besuchen, die dem Hungertod nahe waren. Wir brachten ihnen das einzige, was wir für sie hatten: Spritzen mit Traubenzuckerlösung; sie gaben ihnen manchmal wenigstens für kurze Zeit wieder Kraft.

* Joint. Abkürzung für «Joint Distribution Committee» (Gemeinsamer Verteilungsausschuß), Bezeichnung jener US-amerikanischen Organisation, welche die jüdische Selbsthilfeorganisation (später «Jewish Organization for Social Care», Jüdische Organisation für soziale Fürsorge) mit Geldmitteln und Sachspenden ausstattete, ein internationaler jüdischer Wohlfahrtsverband.

Bei einem derartigen Besuch holte ich mir eine Fleck-
fieberinfektion. Ich war in ein Lager für Displaced persons*
gegangen, um einem unserer Pfleger, der mit schweren
Hungerödemen im Bett lag, eine Spritze mit Traubenzuckerlösung und Vitamin C zu geben. Ich setzte mich in
dem dunklen Raum auf eine niedrige Pritsche beim Fenster. Auch andere Menschen lagen dort, einer neben dem
anderen, doch keiner von ihnen hatte Fieber. Als ich den
Raum verließ, wurde mir klar, daß ich mich in ein Nest
voller Läuse gesetzt hatte. Sie krabbelten überall auf dem
blauen Kleid mit den schwarzen Streifen herum, das ich
mir an jenem 26. Juni 1941 angezogen hatte, weil es der
Namenstag von Zosias Ehemann, Władysław, war. Sie fei-
erte diesen Namenstag, der zugleich ihr Hochzeitstag war,
als könne sie damit ihren Mann auf magische Weise ins Leben zurückholen. (Er wurde in Katyn umgebracht.) Von
der Namenstagsfeier war ich direkt in die Fänge des Fleck-
fiebers geraten. Sofortiges Entlausen in unserem Entlausungsraum brachte keine Hilfe. Am 13. Juli fühlte ich mich
nicht ganz auf der Höhe; ich hatte eine Temperatur von
38,8 Grad. Es war ein Sonntag, und ich war die einzige
Diensthabende auf der Typhusstation. Deshalb ging ich
und suchte Maryla Folmanowa auf, eine Kollegin von dieser Station – wir waren damals insgesamt drei für hun-
dertfünfzig Kinder! –, und teilte ihr mit, daß ich vielleicht
meine Dienststunden nicht durchstehen könne.

Auf die Typhusstation zurückgekehrt, erledigte ich
meine Visiten und begann die Entlassungspapiere und die
Formulare mit den Rubriken «Verdacht» und «Sicher»**
auszufüllen. Dies waren die täglichen Berichte für die
deutschen Besatzungsbehörden, die Marek, der einen
Paß besaß, jeden Morgen in aller Frühe dem obersten
Gesundheitsbeamten der deutschen Militärverwaltung,

---

* Displaced persons. Ausländer, die von den Deutschen zur Zwangsarbeit
nach Deutschland oder in die besetzten Gebiete verschleppt wurden. Im
vorliegenden Fall handelte es sich um Juden, die man aus anderen Teilen
Polens zusammengetrieben und nach Warschau transportiert hatte, wo
sie in Lagern untergebracht wurden.
** Dies bezog sich offensichtlich auf die Diagnose von Infektionskrankheiten.

Stadtarzt Schrempf*, zu überbringen hatte. Ich weiß noch, daß ich achtundzwanzig von insgesamt dreißig Vordrucken ausfüllte. Dann hörte ich auf. Ich konnte nicht mehr. Also ging ich ins Büro der Chefärztin und sagte ihr, ich hätte mich mit Fleckfieber infiziert und ginge nach Hause.

Ihre schwarzen Augen blickten mich entsetzt an. «Geh», erwiderte sie. Ich nahm eine Rikscha**. Unterwegs stieß das Fahrzeug mit einem deutschen Auto zusammen. Der Deutsche stürzte heraus und begann den Rikschafahrer mit seiner Peitsche zu schlagen. Ich sprang ab und ging den Rest der Strecke zu Fuß.

Für zwei Wochen fesselte mich die Infektion ans Krankenbett. Bis Mittag lag ich ganz allein da, weil alle im Haus arbeiten gingen. Nachmittags kamen Kollegen aus dem Krankenhaus und verabreichten mir intravenös Traubenzuckerinjektionen, gaben mir irgendein Stärkungsmittel und brachten mir vor allem Getränke mit, denn Durst war das einzige, was mich wirklich quälte, und dann sank ich wieder in die Fiebernebel einer Körpertemperatur von 40 Grad zurück. Die Krise kam nach vierzehn Tagen. Plötzlich sank die Temperatur; ich stand auf, zog mich an und ging auf die Straße hinaus. Nein, ich brach nicht zusammen, ich starb nicht. Ich kaufte an einem Obststand ein Viertelpfund Kirschen, ging nach Hause, legte sie auf einen Teller und ging wieder ins Bett. Am Nachmittag kam Hela. Sie fragte, woher ich die Kirschen hätte.

«Ich habe sie gekauft.»

«Wie meinst du das: Ich habe sie gekauft?»

«Ich habe sie unten gekauft, gleich vor dem Haus.»

Sie war bestürzt und organisierte eine Krankenwache für mich. Es war nur eine winzige, kurze Bewußtseinstrübung gewesen, die von der Krankheit hervorgerufen worden war. Drei Tage später war das Fleckfieber vorbei.

---

* Stadtarzt Schrempf, der Leiter des Gesundheitsamtes der deutschen Militärverwaltung in Warschau, war für seine sadistischen Neigungen, seine Brutalität sowie für seinen extremen Polen- und Judenhaß bekannt. Er arbeitete eng mit der Gestapo zusammen.
** Eine Rikscha war ein umgebautes Fahrrad, das man im Ghetto als Taxi benutzte.

Nach drei Wochen ging ich wieder in die Klinik. Dort verbrachte ich noch eine Woche in einem Liegestuhl im Garten; dann ging ich einfach wieder an meine Arbeit in der Typhusstation, wo wenigstens keine Kinder starben. Nur hatten wir nicht genug Betten für sie, so daß sie zu zweit, bisweilen gar zu dritt in einem Bett lagen, jedes mit einem kleinen Stück Heftpflaster auf der Stirn, das eine Nummer trug, damit wir die kleinen Patienten voneinander unterscheiden konnten. Glühend vor Fieber, riefen sie in einem fort und verlangten zu trinken. Doch am Fleckfieber starben sie nicht. Wir entließen sie, waren jedoch völlig erschöpft, denn täglich nahmen wir ein Dutzend neuer Kinder auf, mußte dieselbe Anzahl entlassen oder von «Verdacht» auf «Sicher» umgeschrieben werden, und die Krankenblätter der Typhusstation kamen schließlich alle in die Hände der Deutschen. Wir entließen die kleinen Patienten, damit sie zu Hause an Hunger sterben oder mit aufgedunsenem Leib wiederkommen konnten, um hier die Gnade eines sanften Todes zu erfahren. So war es jeden Tag.

5. Kapitel
Kinder aus der Śliskastraße, an die ich mich erinnere

Abram Federman litt an einer «seltsamen Krankheit». Er verlor die Kraft seiner Arme und Beine, und seine Gliedmaßen bildeten sich immer weiter zurück. Regelmäßig erhielt er den Besuch eines Neurologen, doch es gab nichts, was dieser hätte tun können. Und Abram jammerte, jammerte vor Schmerz und Hilflosigkeit, und sein ständiges Weinen war unerträglich. Bis jemand auf den Gedanken kam, ihm einen Bleistift zwischen die verkrüppelten Finger zu stecken und ihm ein Stück Papier zu geben. Auf einmal war Abram ruhig. Er beruhigte sich nicht nur, er lächelte sogar. Später bekam er auch ein paar Farbstifte. Er zeichnete. Er zeichnete aus freier Phantasie, nach der Erinnerung und nach dem, was er sah. Und eines Tages erblickten wir auf einer dieser Zeichnungen einen deutschen Polizisten, der einem Kind… Süßigkeiten schenkte.

Rafal Wichels, drei Jahre alt und wahrscheinlich aus dem Findelhaus, war während der «guten Tage» wegen Lungenentzündung eingeliefert worden. Pausbäckig und schelmisch, lachte er so herzlich, wie nur ein Kind lachen kann. Schmeichelnd kuschelte er sich an unsere Knie und sagte: «Gib mir Kau-Kaus!» Mit allem spielte er, was ihm in seine verspielten Händchen kam. Er starb an TB. Seine «Lungenentzündung» stellte sich als Tuberkulose heraus.

Aron, an dessen Nachnamen ich mich nicht mehr entsinne, war der Sohn eines Rabbi. Als er in die Klinik kam, war sein Kopf so voller Läuse, daß er ganz grau erschien. Nur bei näherem Hinsehen gewahrte man, daß der graue Haarwust sich bewegte. Als man ihn kahlschor, beklagte er den Verlust seiner Seitenlocken besonders heftig. Er weinte und fürchtete sich vor seinem Vater. Doch der alte

Rabbi, der seinen Jungen im Krankenhaus besuchte, sagte nur: «Wie konnten wir uns um das Kind kümmern, wenn wir eine Woche lang herumgetrieben wurden und jetzt zu fünfzig Personen in einem Raum zusammengepfercht sind. Gott wird dir vergeben, mein Sohn.»

Der kleine Aron konnte kein Polnisch. Ich hatte Schwierigkeiten, mich ihm verständlich zu machen, versuchte es aber mit Hilfe der armseligen paar jiddischen Brocken, die ich von den Kindern aufgeschnappt hatte, um mit ihnen sprechen zu können.

Und Aron, der für jedes Lächeln, für jedes Wort dankbar war, versuchte mir ein Lied beizubringen, das ihm seine Mutter immer wieder vorgesungen hatte. Eines Abends, als ich im Dienstzimmer saß und Krankengeschichten schrieb, hörte ich die Kinder über uns und auch nicht über uns sprechen.

«Sie verstehen doch überhaupt nichts. Was nutzt es, wenn wir ihnen davon erzählen.»

«Sie wissen nicht, was es heißt, wenn man gar nichts zu verkaufen und zu essen hat, und daß es so weh tut.»

«Oh, als meine Schwester starb, sagte Papa, es macht ihm überhaupt nichts, wo sie sie begraben, denn wir würden es ja doch nicht erleben, daß wir ihr Grab besuchen können. Und Papa wickelte sie in Papier und trug sie hinaus auf die Straße. Aber Mama weinte und wollte sie ihm wegnehmen, aber sie war nicht stark genug.»

«Ich hab' mal anderen Leuten ein Stück Brot weggeschnappt, aber dann haben sie mich erwischt und mich geschlagen. Ich weiß nicht mehr, was danach passiert ist.»

Tatsächlich waren die Straßen des Ghettos voll von derartigen «Schnappern». Neben den Bettlern, elenden Kindern, die «Weil wir jung sind» sangen, waren diese Kinder, die Vorbeigehenden Lebensmittelpakete wegschnappten oder ihnen von einem Brot, das sie trugen, Stücke abbrachen, wohl die hungrigsten von allen.

Einmal, es war in der Lesznostraße, riß mir so ein kleiner Kerl einen Strauß Veilchen aus der Hand und verzehrte die Blumen sofort.

Allen Kindern, die im Krankenhaus aufgenommen wurden, nahm man zunächst Blut ab für den Vidal- und den Weil-Felix-Test*. Das galt auch für Kinder, die von vornherein dem Tod geweiht waren, weil sie an Gehirnhauttuberkulose litten, die damals noch unheilbar war.

Die Aufgabe war nicht leicht. Es war schwierig, an den geschwollenen oder ausgezehrten Händen eine Vene zu finden. Ich lernte aber, Blut aus der Jochbogenvene am Hals zu zapfen. Deshalb gingen sämtliche Neuankömmlinge durch meine Hände. Und wahrscheinlich gelangte ich deshalb auch zu der Ehre, hungernden Kindern Blut für Tosia Goliborska-Gołąbowa abnehmen zu dürfen, die zusammen mit einer Gruppe anderer Mediziner an einer Studie über Unterernährung arbeitete.

Ich mußte ihr das Blut in kleinen Reagenzgläsern bringen, und manchmal erzählte sie uns von den Zusammenkünften der Forschungsgruppe.

Die Mediziner im Ghetto übten nicht nur ihren Arztberuf aus, sondern führten auch bis zum letzten Augenblick Forschungsarbeiten durch, die kommenden Generationen nutzen sollten.

Das letzte Treffen der Forschungsgruppe, die sich mit den Problemen der Unterernährung befaßte, fand im August 1942 statt, als die Massendeportationen bereits begonnen hatten. Dr. Milejkowski** gab vor den versammelten Ärzten bekannt, daß dies ihre letzte Sitzung sei, und instruierte sie, an welchen Verstecken sie Kopien ihrer Arbeiten hinterlegen könnten. Einer dieser Plätze war der Friedhof. Eine Woche nach dem Treffen war so gut wie keiner der Teilnehmer mehr am Leben.

Dies waren nicht die einzigen Forschungen, welche die Ärzte des Krankenhauses durchführten. Bis in die letzten Monate hinein fanden alle vierzehn Tage im Krankenhaus wissenschaftliche Tagungen statt, bei denen interessante Fälle (von denen es immer weniger gab) besprochen und Behandlungsmethoden diskutiert wurden; es gab sogar kurze Vorträge theoretischer Art. Zweimal in der Woche machte die Chefärztin auf jeder Station selbst die Visiten

Der Vidal-Test dient dem Nachweis von Typhus und Salmonellose; mit Hilfe der Weil-Felix-Reaktion läßt sich ermitteln, ob ein Patient an Fleckfieber erkrankt ist.

**Dr. Milejkowski war Leiter des «Gesundheitsamts» des «Judenrates».*

– regelrechte Visiten wie vor dem Krieg, bei denen sie vor jedem Bett haltmachte und der Reihe nach jeden einzelnen Fall erörterte. Eines Tages warteten wir, bereit zur Visite, auf der Station. Da ging die Tür auf, und herein trat die Chefärztin. Hinter ihr kam Schrempf, der ihr die Pistole in den Rücken bohrte, begleitet von zwei Gestapomännern. Rasch und ohne ein Wort schritten sie durch die Station. Wir standen da. Doch diesmal blieb es dabei.

An jenem Tag starb Felutka. Es war irgendwann im Herbst 1941. Schon seit sechs Monaten lag sie auf der Chirurgischen Abteilung. Nun war sie drei Jahre alt, und jeder liebte sie. »Dib mir dein Halsband, is hab dis lieb«, sagte sie. Bildschön und stets voller Freude wie ein Wesen aus einer verschwundenen Welt, war sie eine reine Augenweide. Sie litt an einem Brustfellempyem*. Wiederholte Punktionen erwiesen sich als wirkungslos. Der Chirurg beschloß, sie zu operieren, und sie starb auf dem Operationstisch. Ich verließ die TB-Station im dritten Stock. Jemand packte mich am Arm und zog mich mit aller Kraft zur Treppe. Es war die Chefärztin. Mit Donnerstimme rief sie: «Er ist kein Arzt, er ist ein Schlächter! Er ist hier fehl am Platz! Er hat das Kind getötet!» Ihre Stimme brach. Ich sah sie an. Tränen strömten über das Gesicht unserer Direktorin. Ohne daß sie meinen Arm losließ, rannte sie bis ganz hinunter; erst als wir das Erdgeschoß erreicht hatten, ließ sie mich los und stürzte ins Büro der Oberschwester. Inmitten dieser Hölle des entfesselten Todes weinte Anna Braude-Hellerowa, unsere Chefärztin, über den Tod dieses einen Kindes, der hätte vermieden werden können. Das Krankenhaus war ihr Zuhause, die kranken, sterbenden Kinder waren ihre Kinder. Sie starb mit jedem Kind, das nicht gerettet werden konnte, und organisierte das verwüstete Krankenhaus ständig neu.

Die Chefärztin verließ das Ghetto nie. In ihrem letzten Brief, den wir im März 1943 (drei Monate nachdem ich das Ghetto verlassen hatte) von ihr erhielten, schrieb sie: «Macht Euch keine Sorgen meinetwegen. Ich habe meine

---

* *Brustfellempyem. Ansammlung von Eiter in der Brustfellhöhle.*

eigenen Pläne.» Und sie blieb in den Trümmern des Krankenhauses in der Gęsiastraße, des letzten Obdachs für kranke Kinder. Als nach dem Krieg das «Krankenhaus für die Kinder Warschaus» in dem Neubau in der Siennastraße eingerichtet wurde, benannte man es nicht nach ihr. Man sagte uns, es sei noch nicht die richtige Zeit, um ein Krankenhaus nach Dr. Anna Braude-Hellerowa zu benennen.

6. Kapitel
Das Krankenhaus in der Lesznostraße

Es war bereits Herbst 1941. Nichts mehr schien übrig zu sein außer Hilflosigkeit. Jetzt lagen nicht mehr nur zwei, sondern drei, ja vier Kinder in einem Bett. Wenn es aber einem Kind wieder besserging, war oft niemand mehr da, um es aus dem Krankenhaus zu holen und zu sich zu nehmen. Die Arbeitstage wurden immer länger, die Schwestern immer müder. Bis zur Erschöpfung versorgten sie wundgelegene Stellen, drehten geschwollene Körper auf die Seite und verabreichten die wenigen noch vorhandenen Medikamente. Immer häufiger gingen uns die Lebensmittel aus; nicht einmal unsere Hungerrationen blieben verschont. Auf der Station, wo sich die «älteren Kinder» befanden, fielen die ausgehungerten Skelette eines Tages über den Suppentopf her, warfen ihn um, als sie die Schwester beiseite stießen, leckten dann die ausgekippte Plörre vom Boden auf und rissen einander Stücke verfaulter Steckrüben aus den Händen.

Unser schon zur Tradition gewordenes Gläschen reinen Alkohols war nun nicht mehr nur ein Symbol vergangener Zeiten – es war ein Betäubungsmittel geworden, das es uns ermöglichte, unsere Gesichter zu einem Lächeln zu verziehen, wenn wir uns den Weg durch die leidenden Kinder bahnten.

Doch die Krankenhausroutine änderte sich nicht. Die Chefärztin hielt strikt an ihren Prinzipien fest: Lagebesprechungen, Visiten, Krankengeschichten, die immer häufiger – ja so gut wie ausschließlich – mit den Worten endeten: «gestorben um… Uhr.»

Ich weiß nicht, wieviel Stärke und Mut nötig waren, eine Zweigstelle der Kinderklinik zu eröffnen. Ich weiß nicht mehr, wie es zuging, als man ein Gebäude dafür zu finden suchte, doch ich entsinne mich noch, daß wir irgendwann im September oder Oktober 1941 erfuhren, daß ein Teil unseres Personals in die Schule an der Lesznostraße, Ecke Żelaznastraße, verlegt werden sollte. Es handelte sich um ein wenig einladendes dreistöckiges Gebäude unmittelbar neben der «Wache», dem Tor in der Ghettomauer. Auf der anderen Seite der Żelaznastraße und mit dem Ghetto durch eine Brücke verbunden, befanden sich das Arbeitsamt und der Quarantänebau für jene, die mit Typhuskranken in Berührung gekommen waren.

In dem neuen Krankenhaus gab es drei Stationen. Im ersten Stock lag die Station für Infektionskrankheiten, die Dr. Makower leitete, im zweiten befand sich Frau Dr. Hela Keilsons Innere Abteilung, und der dritte beherbergte die Säuglingsstation, deren Leiterin Frau Professor Hanna Hirszfeldowa war.

Weil sie ostentativ zum Katholizismus übergetreten waren, waren die Hirszfelds im Ghetto nicht sonderlich beliebt. Sosehr ihre wissenschaftlichen Leistungen Respekt erheischten, gab es doch eine Art Mauer zwischen ihnen und uns. Es war offensichtlich, daß sie den Verlust ihrer Zugehörigkeit zur «besseren Gesellschaft» als zusätzliche Ungerechtigkeit empfanden. Deshalb hatte die Chefärztin gezögert, Frau Professor Hirszfeldowa einzustellen. Doch zu guter Letzt gab die Hochachtung vor ihren wirklich hervorragenden Fähigkeiten als Kinderärztin den Ausschlag, desgleichen das Gefühl des Mitleids für eine Mutter, deren einziges Kind mit dem Tode rang.

Marysia Hirszfeldowa starb an der Simmondsschen Krankheit*. Ich erinnere mich an eine Forschungstagung beziehungsweise den Vortrag eines Professors, als wir mit Entsetzen dieses lebende Skelett von einem jungen Mädchen sahen, geschmückt mit klimpernden Armbändern. Und wir sahen den Ausdruck im Gesicht der Mutter, welche die Hand ihrer Tochter umklammert hielt.

Weil es im Krankenhaus in der Lesznostraße nicht genug Planstellen gab, Hela Keilson und ich aber beisammen

---

* Simmondssche Krankheit. Ein Versagen der Hirnanhangdrüse, das zu Gewichtsverlust führt.

bleiben wollten, wurde ich von der Chefärztin offiziell als zuständig für die Entlausung eingeteilt. Dies bedeutete, daß ich zusätzlich zu meinen üblichen Pflichten auf der Station das Personal zu kontrollieren hatte, welches das Krankenhaus betrat und verließ. Alle, bei denen Läuse an der Kleidung gefunden wurden, mußten in den Entlausungsraum. So unangenehm diese Arbeit war, für mich war sie gefahrlos, hatte ich doch schon Fleckfieber gehabt, so daß mir der Anblick von Läusen keine Furcht einzujagen brauchte. Sie waren einfach Teil meines Alltags. Allerdings mußte ich darauf achten, nicht selbst zur Läuseüberträgerin zu werden. Doch ich war von Kopf bis Fuß dermaßen mit Schaftstiefeln, einem Overall, Handschuhen und einer Kappe – alles aus Gummi – vermummt, daß es nie zu einem Läusebefall kam. Bevor ich mich zur Station begab, mußte ich mich «auf der sauberen Seite» baden und durfte erst dann meine normale Krankenhauskleidung anlegen. So war ich eine der privilegiertesten Personen im Ghetto – zweimal täglich ein Duschbad!

Ich entsinne mich nicht genau, wann wir umzogen und jenes Gebäude sahen, das uns künftig als Krankenhaus dienen sollte. Es gab dort enorm große Räume, ohne Zweifel ehemalige Klassenzimmer. Sie waren um die Haupthalle herum angeordnet, und zwar in jedem Stock. In der Halle stand ein großer Tisch mit Schubladen, an dem wir unsere Krankengeschichten schrieben. Ich weiß nicht einmal mehr, auf welchem Stock sich der Dienstraum für die Ärzte befand; wahrscheinlich im Erdgeschoß. Ich weiß nur noch, daß es dort eine Couch gab, auf der wir uns zu einem Nickerchen ausstrecken konnten, wenn es unser Dienst erlaubte. Auch abgetrennte Bereiche der Stationen wurden als Diensträume sowie als Ruhekabinen für die Schwestern genutzt. Ein besonders großer Raum, eher schon eine Halle, befand sich im Erdgeschoß. Er diente später als OP-Saal, in den man die Kinder brachte, die von den Deutschen an der Wache angeschossen worden waren. Der Weg zur Aufnahme, zur Küche und zum Entlausungsraum führte durch den Garten, der kein Garten, sondern ein ganz gewöhnlicher Hof war, und die betreffenden Räume müssen im Keller gelegen haben. Dies alles ist

sehr weit entfernt und verschwommen. Nur die Kran-
kenstationen, die wir an jenem Oktobertag des Jahres 1941
betraten, haben sich meinem Gedächtnis eingeprägt, weil
ich weder vorher noch nachher je etwas ähnliches gesehen
habe, obwohl ich den Warschauer Aufstand erlebte und Fotos von Feldverbandsplätzen sah. Zwar waren die Feldver-
bandsplätze noch schlimmer, doch in ihnen wurden Erwachsene behandelt, und das Schicksal Erwachsener hat mich nie
so erschüttert wie das von Kindern. Heute, da ich alt und
krank bin, weiß ich freilich, daß es ein und dasselbe ist.

In diesen riesigen Stationsräumen lagen Kinder auf
Holzpritschen mit Papiermatratzen ohne Bettücher, nur
mit anderen Papiermatratzen der gleichen Art zugedeckt.
In der Ecke des Raumes standen Blechkübel, weil es an
Bettschüsseln und Nachttöpfen fehlte, denn die Kinder
litten an Durchfall – dem blutigen Durchfall Hungern-
der – und konnten nicht bis zur Toilette gehen. Wenn man
also morgens die Station betrat, liefen diese Kübel über, ihr
Inhalt verbreitete sich überall auf dem Boden, und es stank
entsetzlich nach Blut, Eiter und Fäkalien.

Auf den Pritschen lagen Kinder, zu Skeletten abgemagert oder zu unförmigen Klumpen aufgedunsen. Nur ihre
Augen waren lebendig. Wenn man nie solche Augen gesehen hat, das Gesicht eines hungernden Kindes mit der gäh-
nenden schwarzen Höhle anstelle des Mundes und seiner
verschrumpelten, pergamentähnlichen Haut, hat man
keine Ahnung, wie das Leben sein kann.

Wir aber waren weiß gekleidet, und unsere Körper
waren nicht geschwollen, denn wir hatten ja noch unsere
tägliche Dosis Schnaps. Daher müssen uns diese Augen
haßerfüllt angesehen haben.

Wir waren nicht dazu da, uns an dem Schrecken zu wei-
den, sondern dazu, die Kranken zu behandeln oder ihnen
zu einem sanften Tod zu verhelfen. Vor allem aber waren
wir dazu da, Leben zu retten, denn obwohl die Zeiten
schlecht waren, so schlecht, wie sie nur sein konnten, wollten wir uns nicht damit abfinden, daß unsere Heilkunst
nutzlos sei, sondern dachten, wenn wir durchhielten, würden wir diese Kinder retten, und sie würden schließlich
überleben. So versuchten wir sie zu retten mit dem weni-

gen, was wir noch an Nahrung, an Medikamenten und Injektionen hatten, und einigen von ihnen ging es tatsächlich besser. Und wenn sie auf dem Weg der Besserung waren, wenn sie anfingen, sich aus aufgedunsenen Klumpen in Skelette zu verwandeln, erhielten wir mitunter sogar so etwas wie ein Lächeln. Freilich war dieses Lächeln von der Art, daß uns die Haare zu Berge standen und wir eine Gänsehaut bekamen.

Es gab nicht mehr genug Matratzen für die Pritschen, und ihre Anzahl nahm weiter ab, denn infolge des blutigen Durchfalls wurden sie zu einer breiigen Masse. Die Kinder fingen an zu frieren, und es gab erste Fälle von Lungenentzündung.

Nun beschloß die Chefärztin, ein «Matronat» ins Leben zu rufen. Kein Patronat, kein Hilfskomitee, sondern wirklich ein «Matronat» – wir wandten uns an Mütter. Die Chefärztin sagte mir, ich solle vor der Versammlung sprechen, einer Versammlung all derer im Ghetto, denen es noch gutging. (Wie ich mich erinnere, war Geppner da, desgleichen Guzik, der Vertreter von Joint, und viele andere.) Ich wußte gar nicht, was ich ihnen sagen sollte, den wenigen, die noch wohlgenährt und gut gekleidet waren. Also beschloß ich, ihnen die Wahrheit zu sagen; dann würden die Dinge schon den rechten Lauf nehmen. Ich erzählte ihnen von dem Kind, das sich bei Frost auf der Straße nackt ausgezogen hatte, weil Kinder wegen der letzten Wohltat zu uns kamen, die wir ihnen erweisen konnten – der Wohltat eines sanften Todes. Ich erzählte ihnen von der kleinen Ryfka, die spielen und tanzen wollte. Und dann sagte ich, daß auf diesen Pritschen vielleicht ein kleiner Rubinstein oder ein kleiner Heine stürbe, daß dieses Krankenhaus ein Golgotha sei, wo der kleine Jesus aus dem Ghetto unter der Last seines Kreuzes zu Boden stürze – das dreimal unschuldige jüdische Kind, das tausendfache Qualen durchleide.

(Einige Jahre später las ich dies alles in der polnischen Ausgabe der *Folks-Sztyme**, obendrein aus dem Jiddi-

* Folks-Sztyme. *Jiddische Zeitung mit polnischer Beilage, die in Warschau erschien.*

schen übersetzt. Ich habe keine Ahnung, wie oder wo das Manuskript dieser Rede gefunden wurde. Aber das ist schließlich nicht wichtig. Nur die Passage mit Golgotha und dem Jesus aus dem Ghetto hatte man ausgelassen – vielleicht war es eine Blasphemie.)

Wir führten die Versammelten in eine Station, nur in eine, glaube ich, aber das genügte.

Früh im Frühjahr 1942 hatten wir richtige Betten in den Stationen, Betten mit richtigen Matratzen, und auf diesen Matratzen lag richtiges weißes Bettzeug. Es gab sogar Bettschüsseln, Nachttöpfe, Krüge und Waschbecken. Wir freuten uns. Wirklich. Zweifellos verkannten wir die schmerzlich bittere Ironie dieser weißen Bettchen für Kinder, die in wenigen Monaten...

Doch trotz dieser weißen Betten und leicht erhöhter Lebensmittelrationen von Joint wurde die medizinische Hilfe, die wir leisten konnten, immer wirkungsloser, denn Tuberkulose brach aus und siegte über alles. Sobald ein Kind in der Lage war aufzustehen, gar anfangen konnte zu reden, nachdem die Hungerödeme abgeklungen waren, hatten wir den Pirquet-Test* durchzuführen. Die Ergebnisse waren positiv. Und auch dann, wenn das Kind keinerlei andere TB-Symptome aufwies, wußten wir doch, daß es nur noch sechs bis acht Wochen zu leben hatte. Deshalb schickten wir diese Kinder gar nicht mehr erst zur TB-Station in die Śliskastraße. Es hatte keinen Sinn. Allerdings verlegten wir sie anfangs auf andere Stationen, um unser Gewissen zu beruhigen. Aber auch das erwies sich auf Dauer als sinnlos.

Dann kam uns der Gedanke, ein Lächeln auf die Gesichter dieser Kinder zu zaubern, denen man alles genommen hatte, indem wir Spiele ersannen.

Die Schwiegertochter der Chefärztin, Marysia Natanblut-Hellerowa, die nichts zu tun hatte, weil sie Absolventin der Sporthochschule AWF war, kam zu uns, und an den Abenden setzten wir beide uns zusammen und versuchten, ein Spielzimmer einzurichten. Am Anfang

---

* *Pirquet-Test. Hauttest zum Nachweis der Tuberkulose mittels einer Hautreaktion, heute durch den Heaf- oder Mantoux-Test verdrängt.*

wußten wir nicht so recht, wie wir es anstellen sollten. Mit den ganz kleinen Kindern war es leichter. Wenn wir sie alle auf einer Station oder in der Halle versammelt hatten, hörten sie glücklich den Geschichten zu, die wir ihnen erzählten, auch wenn es Märchen waren, oder sie spielten…
«Zuhause». Zu Hause – da mußten Mama und Papa sein, ein Tisch mußte sein und Kerzen, denn es war Freitag, und auf dem Tisch lagen Brot und Sprotten. Sie erfanden dies alles selbst, auch das mit dem Brot und den Sprotten. Ich hörte nicht einen von weißen Brötchen oder Sabbatfisch sprechen. Einmal kochten sie sogar Suppe für die Kinder – eine Suppe mit «echten» Kartoffeln.

Doch wir hatten nicht die geringste Ahnung, was wir mit den älteren Kindern machen sollten. Schließlich waren sie älter und lebenserfahrener als wir. Ein ganzes Jahrhundert des Leidens und des Verlusts ihrer Lieben hatte sie dazu gemacht. Daher baten wir sie anfangs, uns ein wenig bei den Kleinen zu helfen, selbstverständlich nur jene, die wollten. Zwei oder drei kamen. Der Rest lachte uns aus – was wir freilich nicht sahen. Doch eines Abends, als ich beim Licht einer Schreibtischlampe im Dienstraum saß und Krankenblätter ausfüllte, wurde ich Zeuge einer Unterhaltung.

«Sie spielen mit den Kindern… Sie glauben, daß…»
«Was?»
«Na ja, daß das hier ein ganz normales Leben ist mit ganz normalen Kindern.»
«Vielleicht haben sie gar keine Ahnung.»
«Kann sein, daß sie nie Hunger hatten.»
«Oder vielleicht haben sie Angst und möchten lieber bei uns sein als bei sich?»
«Wißt ihr was? Ich möchte lieber spielen, ganz normal herumlaufen und singen können. Ich habe immer gern gesungen.»
«Sing doch was, Fajgełe!»
«Was, mitten in der Nacht?»
«Dann morgen.»
«Kann sein.»
«Laßt uns Geschichten erzählen.»
«Also gut. Als meine Schwester starb und Mama sie hin-

austrug, hatte sie keine Kraft mehr, betteln zu gehen. Sie lag nur noch da und weinte ein bißchen. Aber ich hatte auch keine Kraft mehr zu betteln, und so starb Mama. Ich wollte so schrecklich gern leben, und ich betete wie Papa früher, bevor sie ihn töteten. Er sagte: ‹Schma Jissroejl›, und ich fing auch an, dasselbe zu sagen, und sie kamen und holten die Toten fort. Dabei merkten sie, daß ich noch lebte, und sie brachten mich hierher, und ich lebe noch immer.»

«Vielleicht sollten wir auch ‹Schma Jissroejl› sagen.»

Ich hörte nichts mehr, denn ich ließ ein Aktenstück fallen, und die Kinder verstummten.

Am folgenden Tag, als die älteren Kinder kamen, um die kleineren zu beaufsichtigen, die «Zuhause» spielten, sagte ich plötzlich: «Fajgełe, sing uns was vor!» – «Warum ich?» – «Weil du aussiehst, als könntest du singen.» Und Fajgełe sang ein Wiegenlied. Und dann begannen wir zu sprechen. Irgendwie ergab es sich, daß wir wie Gleichaltrige miteinander sprachen. Wir stellten fest, daß wir alle die gleiche Angst hatten, daß wir alle nicht viel zu essen hatten, daß wir aber, um zu überleben, versuchen müßten, wie Menschen zu leben, daß wir menschlich bleiben müßten, weil sie uns zu Tieren machen wollten. Ich erzählte ihnen, wie wir in der Śliskastraße Englisch gelernt hätten. Und dann kam ich schließlich wie von selbst darauf zu sprechen, daß sie jung seien und überleben sollten, daß sie nicht vergessen sollten, daß es eine Zeit gegeben habe, da sie lächeln konnten. Zuletzt beschlossen wir alle, Ostern ein Konzert zu veranstalten.

Wir trafen die Vorbereitungen. Marysia Natanblut-Hellerowa schrieb ein kleines Stück, das die Kinder aufzuführen hatten – ich weiß nicht mehr, worum es ging –, und ich übte mit ihnen die Aufführung des jiddischen Liedes «Am Kanonenofen». Fajgełe spielte den Rabbi, sie sang, forderte die Kinder auf, es ihr nachzutun, und führte ihnen Tanzschritte vor. Die ganz Kleinen, als Cheder-schüler* verkleidet, tanzten einen chassidischen Tanz.

---

* In der Chederschule lernten die kleinen Jungen Hebräisch, um die Bibel lesen zu können, sowie die Grundrechenarten.

Und es gab ein paar kleine Kuchen aus Möhren oder Steckrüben und Kunsthonig.

Die Kinder lachten und spielten, doch ich wußte bereits, daß die niedliche Fajgełe, Fajgełe mit ihrer Nachtigallenstimme, einen positiven Pirquet-Befund hatte. Ihr Leben war nur noch eine Sache von wenigen Wochen. Und doch lachte ich so «froh», daß mir die Tränen über die Wangen strömten und die Kinder riefen: «Sie lachen ja so viel, daß Sie weinen!» Das war unser letztes Osterfest, Ostern 1942.

Am selben Tag hatte ich Dienst am Tor, am Auskunftsplatz. Dort mußte ich abends sitzen, und während die Frauen verschiedener Ärzte «Pakete» empfingen, hatte ich vor mir die Berichte sämtlicher Stationen und mußte den Familien Auskunft über die Patienten geben, wie es ihnen ging und ob sie noch am Leben waren, denn man gewährte den von Läusen befallenen, zerlumpten Fragestellern keinen Zutritt zu den Stationen.

Just am selben Abend kam die sechs Jahre alte Ryfka vorbei. Ihr Vater war noch zu Hause, doch ihr älterer Bruder und ihre drei Jahre alte Schwester waren in der Klinik. Eine Mutter hatte sie nicht mehr. Ihre drei Jahre alte Schwester war gestorben. «Ryfka», höre ich mich noch sagen, «nimm dieses Paket für deine Schwester, denn sie ist ja jetzt tot.» Und Ryfka sah mich mit diesen schwarzen, tiefliegenden Augen an und sagte: «Weil, wenn eine einzige Person das Waschen, Putzen und Kochen tun muß, hat sie nie Zeit, und ich habe es nie geschafft, nach dem Kind zu sehen.» Und diese «Person», in Lumpen gehüllt, wandte sich ab und schleppte sich fort, ganz mit dem müden, schlurfenden Schritten einer alten Frau.

Als ich ins Erdgeschoß ging, um meine Sachen zu holen, sah ich in der Halle Menschen und weiße Kittel. Dies bedeutete, daß es wieder Verwundete gegeben hatte, weil «Frankenstein» an der Wache stand. Er war ein Soldat, dem es Spaß machte, auf Kinder zu schießen wie auf Spatzen. Wenn die Kinder, nachdem sie draußen gebettelt hatten, ins Ghetto zurückkehrten, schlüpften sie, eines nach dem anderen, durch ein Loch in der Mauer. Er wartete, bis es nur noch wenige waren, vier oder fünf, dann schoß er; so hatte er alle auf einmal. Doch wenn ein Kind noch stöhnte, brachten wir es in unsere Klinik, wo Dr. Wilk nach ihm sah. Manchmal war es noch möglich, das Kind in die Chirurgie an der Śliskastraße zu bringen, doch manchmal war es bereits zu spät.

An jenem Abend war es ein kleiner Junge von acht oder auch zehn Jahren. Der Schuß hatte die Leber getroffen, und wir konnten nichts tun, um ihn zu retten. Irgendwie stand ich plötzlich direkt neben ihm. In diesem Augenblick öffnete er die Augen, blickte mich an und streckte mir die Hand entgegen, die fünfzig Groszy* umkrampft hielt. «Geben Sie sie meiner Mama», waren seine letzten Worte. Dann starb er.

Dies war mein Osterabend in der Lesznostraße. Da war das Konzert, da war die kleine Ryfka, die es nicht geschafft hatte, sich um das Kind zu kümmern, und da war der kleine Junge, dessen Leben fünfzig Groszy wert gewesen war. Ich konnte diese fünfzig Groszy nicht einmal seiner Mutter geben. Denn wo hätte ich nach ihr suchen sollen? Ich weiß nicht, was ich mit ihnen tat. Danach kam das Ende immer näher. Doch ich erinnere mich noch an eine Einzelheit aus der Zeit unmittelbar bevor die Razzien begannen. Renia Frydman, die in dieselbe Schule gegangen war wie ich und bei uns als Hilfsschwester arbeitete, erkrankte an Fleckfieber und lag im ersten Stock auf Dr. Makowers Station. Sie war ernsthaft krank und konnte mehrere Tage lang kein Wasser lassen. Dann träumte sie, daß Hela Keilson in Gestalt eines Engels «für sie Pipi machte». Sie erwachte und urinierte. Danach kam der April, und einundfünfzig Menschen wurden erschossen. Der 22. Juli 1942, der Anfang vom Ende, war schon ganz nahe.**

Diese ganze Periode ist wie eine lange Nacht oder ein riesiger Schatten, der alles verschlang, und ich kann mich an nichts mehr in der richtigen Reihenfolge erinnern. Es sind nur vage Eindrücke, die ineinander verschwimmen – ich weiß, wie sich die Dinge ereigneten, aber was und wann, weiß ich nicht. Wie betäubt führten wir weiterhin Krankengeschichten, obwohl es auch für sie keine richtige

---

* Grosz, Plural Groszy. Die kleinste polnische Münze.
** An diesem Tag begannen die Deportationen.

Ordnung mehr gab, denn das Krankenhaus in der Śliska-straße war uns wieder angeschlossen, und wir waren wieder alle zusammen. Nur daß wir weniger Kinder zu versorgen hatten, denn die, die noch lebten und noch Eltern hatten, waren von diesen nach Hause genommen worden. Doch es gab überhaupt kein Krankenhaus in der Śliska-straße mehr und auch kein «kleines Ghetto». Tosia Goli-borska-Gołąbowa hatte damals schon das Ghetto verlassen. Ich weiß nicht, wie sie es schaffte, an jenem Morgen zu uns zu kommen, dem Morgen nach jener Nacht, als sie Mama abholten, jener Nacht, die ich damit verbrachte, Hilfe zu suchen, an dem Morgen, als Dr. Makower, der Polizeiarzt war, um fünf Uhr zum Umschlagplatz gekommen war. Er sagte, daß alle, die man in dieser Nacht abgeführt habe, sofort in die Viehwagen gekommen seien. Schließlich ging ich wie gewöhnlich zur Arbeit, und da war Tosia. Dann standen wir am Fenster, oder besser, am Fensterrahmen, denn auf die Fenster wurde geschossen, und sahen den Zug derer, die weggeführt wurden.

Frau Dr. Efros zog vorbei, ihren neugeborenen Sohn in den Armen, und Frau Dr. Lichtenbaumowa, den Mund wie zu einem stummen Schrei geöffnet. Sie zogen vorbei, zogen vorbei mit Kinderwagen und allerlei seltsamen Gegenständen, mit Hüten und Mänteln, mit Töpfen und Schüsseln, und immer noch zogen sie vorbei.

Plötzlich ergriff Renia Frydman meinen Arm und rief: «Meine Eltern! Und Broneczka!» Ich sagte: «Schrei nicht!», denn ein Polizist hatte in unsere Richtung geblickt. Und noch immer zogen sie vorbei, diese Menschen. Sie zogen und zogen vorbei, und es war ein schwüler Tag, dieser 30. Juli, und Schweigen lag in der Luft, denn es gab keinen Wind, und die Luft war still.

Aus der Lesznostraße – dort, auf der anderen Seite – rollte ein Pferdewagen, auf dem Kutschersitz ein junger Mann in blauem Hemd. Er zündete sich eine Zigarette an und warf das Streichholz mit entspannter, schwungvoller Gebärde weg.

Auf dem Balkon eines Hauses in der Żelaznastraße – dort, auf der anderen Seite – goß eine Frau in einem geblümten Morgenrock die Pflanzen in ihren Blumenkästen.

Sie muß den Zug der Menschen unten auf der Straße gesehen haben, ließ sich jedoch beim Blumengießen nicht stören.

Und auf dieser Seite zogen sie weiter vorüber. Sie zogen vorüber, und ihr Zug schien nicht enden zu wollen. Alte Männer mit grauen Bärten und kleine Kinder und Frauen in Sommerkleidern und Mänteln und Frauen in Regenmänteln und mit Bündeln, alles für die lange Reise, die ihnen bevorstand.

Manchmal sehe ich in meinen Träumen noch immer jenen Pferdewagen in der Sonne und die Frau auf dem Balkon.

Ich weiß nicht mehr, wie dieser Tag endete, aber ich meine mich zu erinnern, daß ich mich von Tosia verabschiedete.

Danach gingen wir weiterhin im Krankenhaus unserer Arbeit nach, und oft verbrachten wir dort die Nacht, denn auf den Straßen gab es nun andauernd Razzien. Und als sie mich aus meiner Wohnung warfen, weil Bürstenbinder* dort eingezogen waren, nahm ich meine Bettbezüge und wickelte sie um meine Platten und mein Rosenthal-Porzellan. Ich deponierte alles in einem kleinen Raum in der Lesznostraße, den Stefan irgendwie für mich organisiert hatte. Doch als ich drei Tage später dorthin kam, war alles zerbrochen und durcheinandergeworfen, Porzellan und Platten, und der gesamte Boden war zentimeterhoch mit Scherben übersät. Über all das hatte sich auch noch Kumarin** ergossen, das aus Stefans Vorräten stammte. Aber es machte mir nichts mehr aus. Mein rosa Nachthemd hing an der Tür, und ich nahm es mit in die Klinik. Ich zog es an, als ich nichts mehr mitnehmen konnte. Nichts mehr.

Und dann standen wir wieder am Fenster und sahen, wie Korczak und seine Kinder die Żelaznastraße in Richtung Nowolipki getrieben wurden. Anscheinend war es am

---

* Bürstenbinder. Juden, die in einer von den Deutschen betriebenen Bürstenfabrik arbeiteten.
** Kumarin. Ein weißer, nach Vanille oder Waldmeister duftender Ester, der zur Herstellung von Parfüms und Seifen, als Geschmacksstoff bei Fruchtessenzen und Limonaden sowie als blutgerinnungshemmendes Mittel Verwendung findet.

7. August, doch ich kann mich nicht erinnern, denn wir achteten nicht mehr auf die einzelnen Tage.

Wir wanderten nur noch zwischen den Kindern hin und her, bis zum Ende, untersuchten sie und schrieben unsere Berichte. Ich erinnere mich noch, daß Frau Dr. Margolisowa mich lobte, weil ich die Krankengeschichten weiterhin so gut auf dem laufenden hielte, doch heute weiß ich schon nicht mehr, ob sie dabei lachte oder weinte. Und ich kann sie nie mehr fragen.

Eines Tages war ich gerade damit fertig, Krankenberichte zu schreiben. Eigentlich wäre dies Michał Jaszuńskis Aufgabe gewesen, doch er und Bronka, die er erst vor kurzem geheiratet hatte, waren tot. Er hatte sie geheiratet, weil sein Arbeitsausweis ihnen beiden Schutz gewähren konnte. Schon früher hatte ich mehrmals für ihn Krankenberichte geschrieben, denn er haßte diese Arbeit und hielt sie für Irrsinn. Doch wir dachten, wenn diese Krankengeschichten die deutsche Besetzung überleben sollten, würde sie vielleicht nach dem Krieg jemand finden, und sie wären dann historisches Beweismaterial.

Von dem, was danach kam, ist kaum etwas in meinem Gedächtnis haften geblieben. Denn die Deutschen kamen und führten die Kinder zum Umschlagplatz. Sie verlegten das Krankenhaus und befahlen der Chefärztin, das Personal zu verringern. Aber ich wußte, daß Arik bei ihr war, und dachte, es werde mich schon nicht treffen; doch gleichzeitig dachte ich auch, daß es überhaupt nicht mehr darauf ankomme, nun, nachdem sie die Kinder weggebracht hatten. Wichtig war mir nur, daß alles ordentlich hinterlassen würde. Deshalb saß ich in der Halle und schrieb die letzten Krankenblätter, so daß die, die in die Stawkistraße gehen würden, gleich wußten, woran sie waren. Dann ging ich ins Dienstzimmer und zog mein Nachthemd an. Dasselbe rosa Nachthemd, das ich aus der von Einbrechern zerwühlten Kammer in der Lesznostraße mitgenommen hatte. Und ich ging ins Bett, weil ich wußte, daß jetzt niemand hier Dienst haben würde. Im Schrank für Erste Hilfe war nur noch ein Röhrchen Luminal*. Das

Luminal. Ein Schlafmittel.

würde nicht reichen. Aber da stand noch eine Wodkaflasche auf dem Tisch, wenn auch nur noch mit einer kleinen Neige, einem halben Glas. Diesen Schluck Wodka goß ich in ein Glas und dachte, zusammen mit dem Luminal müsse das reichen. Ich schluckte das Luminal – zehn Tabletten, so viel waren gerade in dem Röhrchen – und goß den Wodka in einem Schluck hinterher. Ich fühlte mich wohl. Ein bißchen übel war mir, aber nicht sehr. Schon fühlte ich mich schläfrig. Dann kam Hela Keilson herein. Ich war noch nicht eingeschlafen, und sie fragte mich: «Was hast du getan?», denn sie sah das leere Röhrchen. Ich antwortete ihr, ich hätte sämtliche Krankengeschichten abgeschlossen und abgeheftet, und da fing sie laut zu schreien an. Bald waren mehr Menschen im Dienstzimmer. Sie hielten meine Arme fest und streckten sie, um mir eine Nadel in die Vene stechen zu können. Ich schrie: «Laßt mich! Es ist alles vorbei. Es ist nicht nötig.» Dann fühlte ich einen Stich, hörte es klingeln, und das war's. An mehr kann ich mich nicht erinnern. Erst später wurde mir klar, daß Hela Keilson zweimal soviel Kardiamin wie Traubenzuckerlösung in die Spritze getan hatte, weil sie in ihrer Aufregung die Ampullen verwechselte, und ich hatte auf das Kardiamin reagiert. Deshalb erinnere ich mich an überhaupt nichts mehr im Zusammenhang mit dem Krankenhaus in der Lesznostraße.

Erst siebenunddreißig Jahre später, als ich las, was Marek gesagt hatte, fand ich heraus, daß er es gewesen war, der mich damals in meinem rosa Nachthemd hinaustrug.

7. Kapitel
Das unmenschliche Ende

Ich erwachte nach zwei oder vielleicht auch drei oder vier Tagen in einer unbekannten Wohnung. Ich kann mich nicht mehr erinnern, wer da war. Einige der Personen kannte ich, andere sah ich zum erstenmal. Sie sagten mir, das Krankenhauspersonal sei jetzt in der Pawiastraße untergebracht, und das Kinderkrankenhaus sei in die Stawkistraße am Umschlagplatz verlegt worden. Es befand sich neben einer Ambulanzstation in einem Flügel der Polytechnischen Gewerbeschule, deren anderer Flügel bereits zum Umschlagplatz gehörte. Dort warteten die Verschleppten, wenn nicht genügend Viehwagen vorhanden waren, auf den Abtransport.

Einige Tage später wurde ich in eine Wohnung in der Pawiastraße gebracht, und wir waren wieder alle beisammen: Frau Dr. Margolisowa, Hela Keilson, Marek, ich und eine ganze Reihe anderer. Jeden Morgen führte man uns, in unsere weißen Kittel gekleidet, als Gruppe zum Krankenhaus in der Stawkistraße, zum Umschlagplatz und dann zur Pawiastraße zurück.

So kam ich ein wenig später als die anderen in die Wohnung an der Pawiastraße und in das Krankenhaus am Umschlagplatz. Ich war dann drei Wochen dort. Jeden Tag, wenn die Viehwagen abgefahren waren, mußte ich auf den verlassenen Platz hinaus, um Kinder aufzulesen, die von ihren Müttern dort zurückgelassen worden waren. Mag sein, daß die Mütter die Kinder vor dem Tod retten wollten; vielleicht aber wollten sie sich selbst retten. Todesangst läßt sich schließlich nicht beschreiben. Man muß sie durchlebt haben, um zu verstehen. Auch ich durchlebte sie, aber das war sehr viel später und in einem ganz anderen Zusammenhang. Doch damals empfand ich nichts, wenn ich auf den Hof hinausging, dem ukrainischen Soldaten eine Flasche Wodka zeigte und selbst den ersten Zug daraus nahm. Ihm blieb der gesamte Rest, und während er die Flasche leerte, sammelte ich die Kinder auf und brachte sie ins Krankenhaus.

Eines Tages sprach er mit mir, als ein kleines Mädchen an einem Fenster am Umschlagplatz erschien. Er riß das Gewehr hoch, erschoß die Kleine und redete weiter. Ich packte ein Kind, verabschiedete mich und ging davon; ich wußte nur nicht, wie ich das Kind halten sollte, damit es nicht getroffen würde, wenn der Ukrainer hinter mir herschoß. Später sandte man uns die «geretteten» Kinder mit der Ambulanz ins Ghetto, denn Krankenwagen fuhren bis ganz zum Schluß. Wer sie auf dem Umschlagplatz einsammelte, weiß ich nicht. Manche kamen auf den Umschlagplatz zurück. Doch was machte das schon? Sie alle starben sowieso. Nur damals dachte ich, es mache einen Unterschied.

Manchmal hatten diese Kinder sogar Familienangehörige.

Als ich 1974 auf Besuch in New York war, erzählte mir Stasia, ich hätte sie, als wir während der Razzien das Krankenhaus verließen und in ein Ambulanzfahrzeug stiegen, in den Krankenwagen hineingezogen, während der Fahrer versucht habe, sie hinauszuzerren. Damals hätte ich geschrien: «Du Schwein! Gestern habe ich dein Kind vom Platz gerettet, und du...», worauf er sich beruhigt habe. Also hatten diese Kinder wahrscheinlich noch Familien.

Und so ging es bis zum allerletzten Tag. Ich weiß nicht mehr, welcher Tag es war. Ich glaube, es war der 4. September – oder vielleicht... Nein, es war ein oder zwei Tage früher. Jedenfalls war es der Tag, an dem sämtliche Patienten aller Krankenhäuser im Ghetto in die Klinik an der Stawkistraße gebracht wurden, wo die Kinder schon ein paar Wochen gelegen hatten. Als ich früh «zu Hause» in der Pawiastraße erwachte – es war damals wirklich unser «Zuhause» –, hieß es, alle Juden aus dem Ghetto hätten sich in dem Häuserviertel zwischen Miła-, Zamenhof-, Gęsia- und Smoczastraße zu versammeln, und auch wir hätten dorthin zu gehen. Daraufhin sagten Frau Dr. Margolisowa und ich, wir gingen zum Krankenhaus. Andere gingen ebenfalls dorthin, ein paar Leute, wer, weiß ich nicht mehr. Ich entsinne mich noch, daß wir durch leere Straßen kamen, weiß aber nicht einmal, ob Marek dabei war. Ich weiß, daß wir später wieder beisammen waren, wann, ist mir nicht erinnerlich. Im Gedächtnis ist mir nur, daß wir unsere weiße Krankenhauskleidung trugen; ich glaube nicht, daß sie auf uns geschossen haben. Oder vielleicht doch? Ich weiß es nicht. Ich bin jetzt alt und kann mich nicht mehr erinnern.

Wessen ich mich noch entsinne, das sind die Krankenhaustore, die Treppen voller Menschen, der entsetzliche Gestank von Eiter und Kot und daß mich unaufhörlich jemand am Kittel festhielt und «Schwester! Schwester!» rief. Dies war etwas ganz anderes als später die Verbandsplätze während des Warschauer Aufstands, allerdings waren auch die schrecklich genug. Von diesem Krankenhaus weiß ich dann noch, daß ich weiter die Treppe hinaufstieg und versuchte, nicht auf Menschen zu treten. Doch lag dort alles durcheinander, Leichen und Lebende. So kam ich bis zum dritten Stock. Dort gab es nur eine Säuglingsstation, keine Kinderstationen, nur überall Kranke, Verwundete und Sterbende. Als ich aber umherging, kamen allmählich aus den verschiedensten Schlupfwinkeln und Ritzen Kinder hervor und scharten sich um mich wie Vögel oder Welpen um ihre Mütter, und als wir gemeinsam unseren Weg fortsetzten, wurden es immer mehr. Schließlich kamen wir zu einer Art Station und setzten uns. Und da sagte Marysia, die an Lymphdrüsentuberkulose – oder, wie man damals sagte, an Skrofulose – litt: «Frau Doktor! Wir wissen alle, daß wir keine Mamas und Papas mehr haben und daß wir nicht mehr lange leben werden. Aber werden Sie bis zum Ende bei uns bleiben?»

«Ja, Marysia», erwiderte ich. «Ich bleibe bei euch bis zum Ende.»

Das stimmte nur halb, denn ich ging – doch zu diesem Zeitpunkt schliefen sie schon, und es stand nicht zu erwarten, daß sie je wieder erwachen würden. Manchmal freilich, sogar heute noch, frage ich mich in schlaflosen

Nächten, ob nicht vielleicht doch eines dieser Kinder wach geworden ist. Aber es ist besser, nicht daran zu denken.

Damals allerdings dachte ich nicht darüber nach und hatte nicht die geringste Vorstellung davon, wie wir aus alledem lebend herauskommen könnten. Ich hatte einen vollen Arbeitstag vor mir. Hela Keilson lag einen Stock tiefer mit bandagiertem Bein, im Nachbarbett die in Binden gewickelte Chefköchin. Beide hatten sich Verbrennungen zugezogen, als einige Tage zuvor die Chefköchin, stolz darauf, daß sie es geschafft hatte, aus Rüben und Möhren für die Kinder eine Suppe zu kochen, Hela ihr Kunstwerk vorführen wollte. Hela begab sich hinunter, um das Werk in Augenschein zu nehmen, und die Köchin war über ihre Suppe so glücklich, daß sie sich nicht umblickte und sich voll in den Kessel mit dem heißen Gebräu setzte, der bereits hinter ihr auf dem Boden stand. Die herausspritzende Flüssigkeit verbrühte Helas Bein dermaßen, daß sie mehrere Tage nicht gehen konnte.

Bei diesen beiden saß ich also, weil die Deutschen und die Szaulis* in das Krankenhaus eingedrungen waren, um nach «Ausländern» zu suchen. Hela und die Köchin lagen unten in einem kleinen Raum, dem Dienstzimmer, nicht auf einer Station. Als die Szaulis hereinstürzten, war ich gerade dabei, der Köchin den Verband zu wechseln. Die Männer drängten weiter, nachdem sie festgestellt hatten, daß alles in Ordnung war. Im Zimmer daneben befand sich Zosia Franter. Auch sie war eine junge Ärztin. Sie hatte sich vergiftet, denn sie hatte erfahren, daß man ihre Mutter fortgeschleppt hatte. Ich erinnere mich nur noch, daß ich auf dem Rückweg von dem kleinen Raum, in dem die beiden verbrühten Frauen lagen, zur Station jemandem begegnete, der die tote Zosia auf den Armen trug. Zweifellos hat man sie irgendwo dort begraben. Vielleicht dort, wo sich heute das Depot in der Inflanckastraße befindet – ich weiß es nicht.

Dann ging ich zurück zur Station, zu dem Raum, wo die Kinder saßen, und auch Frau Dr. Margolisowa war dort. Die Chefärztin saß in ihrem Büro. Ich weiß noch, daß wir

* *Szaulis. In deutschen Diensten stehende Litauer.*

67

zu ihr gingen, weil ich mich daran erinnere, daß sie sagte, sie wolle keine «Überlebensbillette»* ausgeben. Ich entsinne mich, daß ich zu ihr sagte: «Wenn Sie es nicht tun, Frau Doktor, wird niemand von uns überleben, denn dann tut es der Leiter des Erwachsenenkrankenhauses.» Alle sagten, sie müsse es tun, doch es war eigentlich eine schlimme Zumutung, denn schließlich möchte niemand darüber entscheiden, wer zu sterben und wer zu leben habe. Und dennoch verlangten wir ihr diese Entscheidung ab. Für Stationsärzte wurden solche «Billette» allem Anschein nach automatisch ausgestellt, doch über das Schicksal der anderen Mitarbeiter mußte von Fall zu Fall entschieden werden. Später, nach dem Krieg, fragte ich Arik Heller, warum gerade wir «Überlebensbillette» erhielten, also Leute wie ich und nicht ältere, die tausendmal wertvoller waren. Er erwiderte mir, seine Mutter habe auf die Jugend gesetzt. Sie habe gehofft, wir Jungen würden am ehesten überleben und aus unserem Leben etwas machen können. Und so kam es, daß von unserer Gruppe Frau Dr. Margolisowa und ihre Tochter, Hela Keilson, Marek und ich solche Bescheinigungen erhielten, nicht aber Stasia, die nicht aus unserer Klinik war. Wir hatten sie lediglich zur Stawkistraße mitgenommen, damit wir beisammen blieben. Und Marysia sowie Dola Keilson müssen sich damals schon bei Wacek Skonieczny auf der «arischen Seite» befunden haben. Jedenfalls erinnere ich mich nicht, sie auf dem Umschlagplatz gesehen zu haben.

Aus dem Raum, in dem die beiden verbrühten Frauen lagen, kam ich also zu den Kindern zurück und saß bei ihnen, weil ich nichts anderes tun konnte, als dazusitzen, mit den Kindern zu sprechen und ihnen zu sagen, was im Gange war. Manchmal lief das Gespräch ganz gut, manchmal erstarb es, und dann saßen wir, diese fünfzehn Kinder und ich, einfach schweigend beieinander. Dann kam Schwester Mira und suchte mich. Ich kann mich nicht

---

* Eine Art von «Unabkömmlichkeitsbescheinigung» für Personen, die im Ghetto «benötigt» wurden. Der Besitz einer derartigen Bescheinigung bewahrte den Inhaber zunächst vor der Deportation in ein Todeslager und rettete somit manchem das Leben. Daher die verbreitete Bezeichnung «Überlebensbillett».

mehr an ihren Nachnamen erinnern, sehe aber ihr Gesicht noch so deutlich vor mir, als wäre es heute. Sie bat mich, für einen Augenblick mit ihr hinunterzugehen. Als wir die Station verließen, sagte sie – noch immer höre ich diese Worte: «Frau Doktor, bitte geben Sie meiner Mutter eine Spritze. Ich kann es nicht. Ich flehe Sie an, bitte! Ich möchte nicht, daß sie in ihrem Bett erschossen wird, und gehen kann sie nicht.»

Ich fragte sie, was in der Spritze sei, und sie sagte mir, es sei Morphium. Nun wußte ich, was ich für die Kinder tun konnte, um mein Wort zu halten. Zwar hatte ich noch keinerlei Ahnung, daß ich ein «Billett» erhalten hatte, aber ich wußte, daß man uns trennen würde und ich ihnen in ihrer letzten Stunde nicht würde beistehen können. Also fragte ich Mira, ob sie viel Morphium habe, und sie erwiderte, sie würde es mir geben. Denn ihr war klar, wofür ich es brauchte.

Wir gingen in den ersten Stock, wo sich die Angehörigen der Mitarbeiter befanden. (Auch mein Schwiegervater war dort gewesen, doch Mietek hatte ihn mitgenommen; sonst hätte ich auch ihm geholfen.) Hier lächelte mich die grauhaarige alte Frau an und reichte mir ihren Arm. Die Schwester klemmte die Vene ab, und ich injizierte das Morphium.

Und dann sah ich noch mehr Menschen, die nicht mehr die Kraft hatten, sich zu bewegen.

Ich fragte Mira, was wir tun sollten, und sie entgegnete: «Natürlich ihnen helfen.» Also halfen wir auch ihnen. Und am Fenster lag eine alte Frau, aufgebläht vom Hunger und an schwerer Kreislaufschwäche leidend. Sie sah uns an, und ihre Augen flehten. Sie war die letzte, der wir eine Spritze gaben.

Erst später, sehr viel später, wurde mir klar, daß dies die Frau von Dr. Landsberg gewesen war. Die Szene, die ich ihm geschildert hatte, ging in eine der Kurzgeschichten von Adolf Rudnicki* ein, *Himmelfahrt* – ja, ich glaube, die

---

* *Adolf Rudnicki. Polnischer Schriftsteller und Essayist, geboren 1912; nahm 1944 am Warschauer Aufstand teil. Seine Erzählung* Wniebowstapienie *wurde erstmals in der Zeitschrift* Kuznica *veröffentlicht (1948) und später in den Sammelband* Ucieczka z Jasnej Polany *aufgenommen (1949).*

war es. Abgesehen davon, daß es sich in Wahrheit etwas anders abspielte, als Rudnicki es darstellt. Doch das spielt keine Rolle… Als ich also den Raum verließ, streckte ich Mira die Hand entgegen, und sie übergab mir zwei große Behälter mit Morphium. Ich glaube, wir sprachen miteinander kein Wort, sondern drückten uns nur stumm die Hände.

Ich nahm das Morphium mit hinauf. Frau Dr. Margolisowa war dort. Ich sagte ihr, was ich vorhatte. Daraufhin nahmen wir einen Löffel und gingen in den Raum, wo die Kinder lagen. Und genau so, wie ich mich während der zwei Jahre meiner täglichen Arbeit über die kleinen Betten gebeugt hatte, flößte ich nun diesen kleinen Mündern die letzte Medizin ein. Nur Frau Dr. Margolisowa war bei mir. Von unten hörte man Schreie, denn die Szaulis und die Deutschen waren schon dabei, die Kranken aus ihren Betten zu den Viehwagen zu treiben.

Danach gingen wir zu den älteren Kindern und sagten ihnen, daß diese Medizin ihnen die Schmerzen nehmen werde. Sie glaubten uns und tranken die erforderliche Menge aus Gläsern. Dann forderte ich sie auf, sich auszuziehen, ins Bett zu gehen und zu schlafen. Also legten sie sich nieder, und nach ein paar Minuten – ich weiß nicht, wieviel Minuten es waren, doch als ich das nächstemal ins Zimmer kam, schliefen sie. Was dann weiter geschah, ist mir nicht bekannt. Ich weiß nur noch, daß ich mein «Billett» angeheftet hatte und auch den beiden verbrühten Frauen «Billetts» brachte. Hela Keilson stand auf. Die Chefköchin jedoch hatte sich mit Luminal vergiftet, und wir ließen sie liegen. Und dann war da unten zu ebener Erde die Halle, wo die Menschen sich um die Tür drängelten, um hinauszukommen. Ich begegnete dort einer meiner Lehrerinnen, Frau Dr. Stefania Złotowska. Sie fragte mich voller Bitterkeit: «Hast du ein ‹Billett›?» Ich aber wußte nicht, was ich ihr sagen sollte, denn ich schämte mich. Wie ich es schaffte, in all dem Durcheinander einen halben Liter Alkohol mitgehen zu lassen, weiß ich nicht. Ich erinnere mich nur noch, daß ich bei all dem Drängeln und Schieben Hela und Stasia nicht losließ. Und das war wahrscheinlich das Schlimmste von allem: all diese Menschen mit einem «Überlebensbillett», die sich drängelten, um hinauszukommen und zu leben, während all die anderen zurückblieben.

Daß wir lebend herauskamen, heraus aus dieser Hölle der Krankenhaushalle, ist auch heute noch von Bedeutung. Ich weiß nicht, ob es uns in irgendeiner Weise entschuldigt, daß wir so jung waren und leben wollten. Und ich wollte wirklich leben, nachdem ich dieser Generalprobe des Todes entronnen war. Allerdings hatte ich auch noch immer nicht echte Angst am eigenen Leib erfahren. Wir kamen ja mit diesen unsäglichen «Überlebensbilletten» heraus, während andere zurückblieben.

Einige Tage nach dieser Razzia schickten wir unsere «Billette» ins Krankenhaus zurück, an jene, die dort zurückgeblieben waren – allerdings auch nur in dem Sinne, daß sie als letzte abgeholt werden sollten –, und auf diese Weise wurden einige wenige Menschenleben gerettet. Doch das änderte nichts. Auch das, was später geschah, änderte nichts. Vier weitere Monate in der Gęsiastraße, wo sich eine sogenannte Kinderstation befand, und zwei Jahre auf der «arischen Seite». Ich werde über sie schreiben, über diese gesamten zwei Jahre, doch sie vermochten in keiner Weise etwas von dem auszulöschen, was sich an jenem Tag ereignet hatte, als ich den Kindern Morphium gab, auch nicht den Umstand, daß ich zu den Davongekommenen gehörte. Und deshalb unterschied ich mich stets von allen anderen. Niemand hat das je verstanden. Jeder glaubte, ich hätte alles vergessen und es mache mir nichts mehr aus. Doch konnte ich in der Zwischenzeit kaum Besucher ertragen. Ich wollte keine sehen.

8. Kapitel
Requiem für das Krankenhaus

Erinnerst Du Dich? Ja, Du bist es, den ich frage, Du, der einzige, der mir geblieben ist*. Niemand sonst ist mehr da. Vierhunderttausend wurden getötet. Die wenigen – ein paar tausend – die übrigblieben, sind nun über die ganze Welt verstreut. Also bist Du der einzige, den ich fragen kann: Erinnerst Du Dich, wie wir beide durch die Straßen dieser toten Stadt gingen?

Wohin sind wir gegangen? Und was war unser Ziel? Erinnerst Du Dich nicht?

Es war schon nach der großen Razzia. Für uns hatte sich die Falle geöffnet, und man hatte uns in die Gęsiastraße Nr. 6 gebracht. Es war ein großes Mietshaus. Dort sollte das Krankenhaus für die 40 000–50 000 Juden eingerichtet werden, die übriggeblieben waren. Drei kleine Zimmer im ersten Stock waren die Kinderstation. Sie reichte gerade für die paar hundert Kinder aus, die am Leben geblieben waren. In einem Anbau befanden sich die Wohnräume für das Personal.

Unsere Wohnung lag im dritten Stock. Drei kleine Zimmer und eine Küche. Wir waren viele in diesen drei Räumen, zehn oder zwölf Personen, glaube ich. Abends ließen wir einen Topf mit Tscholent aus Buchweizengrütze, Kartoffeln, falls vorhanden, und manchmal dreißig Gramm Fett auf dem Ofen sieden. Hinzu kam Salz. Morgens aß jeder von uns einen Teller Tscholent; dann gingen wir ins Krankenhaus, denn dort arbeiteten wir noch immer.

Weshalb also gingen wir diese Straße entlang? Wonach suchten wir in dieser Stille, die uns in den Ohren dröhnte, in diesen Höfen, in denen Wasser aus Hydranten tropfte

* *Gemeint ist Marek Edelman.*

72

und aus zerbrochenen Fenstern Federn wirbelten? Warum starrten wir durch diese Fenster in Wohnungen, wo Fotos an den Wänden hingen, ein halbleeres Teeglas auf dem Tisch stand und auf dem Boden ein Holzpferdchen und ein winziger Schuh lagen?

Erinnerst Du Dich? Irgend jemand schoß auf uns. Er saß dort irgendwo, dieser Deutsche, der plötzlich zwei nicht mehr als Menschen zu identifizierende Schatten gesehen und versucht hatte, sie wegzublasen. Zum Glück verfehlte er uns, obwohl uns seine Patronen um die Ohren pfiffen. Doch es machte uns nichts aus, denn wir hatten unseren Tod bereits erlebt. Also sprachen wir darüber, wie wir über das, was sich ereignet hatte, schreiben wollten. Und wir schrieben auch etwas. Nur – später, viel später war der Warschauer Aufstand, und alles ging in den Ruinen der Alexanderkirche zugrunde.

Vielleicht suchten wir nach etwas, was wir zerhacken und im Ofen verheizen konnten wie jenen Wohnungsbriefkasten, den wir in unsere Bleibe im dritten Stock hinaufschleppten. Oder vielleicht suchten wir nach etwas Eßbarem. Nachdem wir der Razzia entkommen und in diesem Gebäude gelandet waren, begannen wir schließlich in Kleiderschränken und Speisekammern herumzustöbern. Und wir fanden etwas Tee, Buchweizen und eine Tüte Bohnen. Alles, was wir im Sinn hatten, war, so rasch wie möglich den Buchweizen zu kochen und zu essen. Ich weiß nichts weiter – ich kann mich nicht erinnern.

Auf der Station waren die Chefärztin und Hela Keilson; wer sonst, weiß ich nicht.

An diese Station erinnere ich mich kaum noch, und dies, obwohl ich täglich dort arbeitete. Nachmittags und abends arbeitete ich als Pflegerin, denn wir hatten kein Pflegepersonal, dafür aber Ärzte im Überfluß.

Kann ich mich nicht erinnern? Nein, das stimmt nicht. Ich muß nur anfangen, darüber nachzudenken, um mir wieder den Geruch zu vergegenwärtigen, den Gestank fauligen Fleisches. Um Chamełe zu sehen, die zehn Jahre alt war und über das ganze schmale Gesicht lachte, wenn sie sagte, sie sei so froh, daß sie keine Schmerzen habe. Schließlich könne man ja auch ohne Zehen leben, und das sogar recht gut. Nur entschuldigte sie sich immer wieder dafür, daß ihre Beine so stark rochen.

Und der kleine Chaim flehte uns an, seine Finger zu retten, denn er wollte Violine spielen wie sein Papa, der draußen im Schnee und Schlamm der Straße nach Warschau geblieben war.

War es eigentlich kalt in diesem Winter 1942/43? Es muß kalt gewesen sein, denn an den Abenden sah man menschliche Gestalten auf der Straße vorbeihuschen, die in mehrere Schichten von Lumpen gewickelt waren. Und die Kinder in ihren Krankenbetten zitterten vor Kälte, denn Brennstoff war knapp, und wenn man abgemagert ist, friert man um so mehr.

Doch vor Hunger aufgedunsene Leiber waren seltener geworden, denn wir hatten nun auch die Rationen derer, die nur noch Rauch über den Feldern von Treblinka waren.

Es gab also mehr Brot, mehr Kunsthonig, und von denen, die «auf Außenposten»* arbeiteten, konnten wir fünfzig Gramm Fett oder einen Viertelliter Pferdeblut kaufen.

Erinnerst Du Dich? Von den Bürstenmachern in der Świętojerskastraße bekamen wir Brot im Austausch gegen Zucker und Würste, die Dr. Skonieczny gebracht hatte, als er seinen Paß noch besaß. Wir verstanden nicht viel vom Tauschen. Daher standen wir einfach im Hof und warteten darauf, was geschehen würde. Es war mein Hof, und ich fand Fotos dort.

Es gab also keine Hungerödeme mehr, obwohl es nicht gerade viel zu essen gab. Es gab nur Verbrennungen und Erfrierungen.

Allerdings arbeitete ich nicht mehr als Pflegerin, denn ich hatte mich geschnitten, als ich auf der Isolierstation für Typhuskranke, wo Stefan lag, den Boden schrubbte, und mir eine böse Phlegmone** zuzogen. Zehn Tage lang

---

Juden, die täglich als «Außenarbeiter» das Ghetto verlassen durften, um auf der «arischen Seite» zu arbeiten.
*** Phlegmone. Eitrige Binde- bzw. Zellgewebsentzündung, die mit Fieber und Schmerzen verbunden ist und sich rasch im Bindegewebe ausbreiten kann.*

war ich ans Krankenbett gefesselt. Dr. Wilk, der mich behandelte, schnitt zu Hause das erkrankte Gewebe auf, und dann wurde ich seine Assistentin.

Kinderchirurgie gab es nicht mehr. So war Dr. Wilk verantwortlich für die «kleine Chirurgie» im gesamten Krankenhaus.

Ich weiß nicht, kann mich nicht mehr erinnern, wo ich die Instrumente sterilisierte. Irgendwo gab es ein Sterilisiergefäß. Ich entsinne mich nur noch, daß ich mit einem Tablett voller Tupfer hinter Dr. Wilk durch die Stationen ging. Und ich verstand immer besser, daß man bis zum bitteren Ende Hilfe zu leisten hatte, vor allem aber aus Stein sein mußte.

Nein, ich träume nicht mehr davon. Es ist vorbei. Nur später, als ich während des Warschauer Aufstands im Krankenhaus arbeitete, blickte ich mit blinden Augen auf alles. Denn nichts ließ sich mit diesen wundgelegenen Gesäßen vergleichen, deren abgestorbenes Gewebe ohne Betäubung und mit gewöhnlichen Scheren weggeschnitten wurde, oder jenen Patienten, die sich bei der Arbeit auf der «arischen Seite» Verbrennungen zugezogen hatten und nun auf in Salzlösung getränkten Laken dalagen.

Täglich hatten wir es mit Erfrierungen zu tun, Erfrierungen an Fingern und Zehen, die schon ganz schwarz vom Wundbrand waren. Sie wurden im Bett amputiert, ohne Handschuhe. Wir wuschen uns lediglich die Hände. Und der Gestank – dieser entsetzliche Gestank.

Damals mochte ich meine Kinderstation nicht. Ich wollte nicht assistieren, wenn erfrorene Kinderfinger amputiert oder kleinen Kindern, die aus Mangel an Vorsicht lebensgefährliche Verbrennungen davongetragen hatten, die Verbände gewechselt wurden. Ich mochte es nicht – das ist alles.

Was mir aus jener Zeit am besten erinnerlich ist, sind die Schülerinnen der Schwesternschule, die nach wie vor unter der eisernen Hand von Luba Blum-Bielicka standen; auch in jenem Notquartier kurz vor dem Ende waltete sie ihres Direktorinnenamtes. Während des Rundgangs durch die Typhusstation, den sie allmorgendlich um sechs Uhr unternahm, fragte sie mit ihrem charakteristischen

Wilaer Akzent: «Sind Sie heute schon gewaschen worden?»

Eines Morgens rieb eine Schwesternschülerin, die alles schon fertighaben wollte, bevor die Schulleiterin ihre Runde machte, sogar die Rücken der Toten mit Spiritus ein, die man in der Nacht hinaus auf den Korridor gebracht hatte.

Und wir drehten weiterhin unsere Runden durch die Stationen und taten vor den Sterbenden so, als bestehe noch immer Hoffnung.

So war unser Krankenhaus.

Dann kamen die nächsten Razzien. 18. Januar 1943.

An jenem Januarmorgen weckten uns Rufe in deutscher Sprache. Einer der Jungen rannte die Treppe hinunter, kam zurück und berichtete, die Razzien hätten begonnen.

So mußten wir uns rasch anziehen und abwarten, was geschehen würde.

Plötzlich klopfte es an der Tür, und ein Gestapomann trat ein. Er sah aus, als sei er einem Gemälde entstiegen – es waren so wunderschöne Burschen unter ihnen, nur ihre Augen waren aus Eis. Er musterte jeden von uns von oben bis unten, dann kam er zu mir.

«Wer bist du?»

«Ich bin Ärztin.» Ich hatte schon meinen weißen Kittel an und ein Stethoskop um den Hals.

«Hast du Angst vor dem Sterben?»

«Nein.» Das war die Wahrheit. Denn ich empfand überhaupt nichts.

Er zog die Pistole, drückte mir die Mündung an die Schläfe und sagte etwas davon, eigentlich wolle er nicht, aber – «Befehl ist Befehl!»

Noch immer hatte ich keinerlei Angst. Nur alle anderen hatten Angst, denn es wäre nicht sonderlich angenehm gewesen, eine Leiche dort zu haben, der man das Gehirn aus dem Schädel geblasen hatte, und all das.

Einen Augenblick später ließ er die Pistole in seiner Hand hüpfen, lächelnd, weil sein Scherz gewirkt hatte, und brüllte, die Männer sollten nach unten gehen, um «den Kranken zu helfen». Also stürzten die Jungen hinaus, versteckten sich aber selbstverständlich irgendwo. Im Torbau? In einem richtigen Versteck?

Kaum war er verschwunden, standen wir vor dem Problem, uns gleichfalls zu verstecken. Einen geeigneten Platz gab es im zweiten Stock; ein Kaufmann mußte das Versteck für seine Habe angelegt haben. Es war ein langer, schmaler Gang, der in Gegenrichtung zu den Räumen verlief und dessen Tür durch einen Kleiderschrank verdeckt war.

Ich hatte überhaupt nicht die Absicht, dort Zuflucht zu suchen. Doch Helas Eltern wollten nur zusammen mit ihrer Tochter dorthin, und Hela wollte nicht ohne mich gehen. Also sagte Marek zu mir: «Du mußt gehen. Wir haben Revolver und möchten die alten Leute nicht dabeihaben, wenn geschossen wird.»

In dem Versteck waren etwa dreißig Personen, und die Kerze, die wir angezündet hatten, ging nach einer Stunde aus, weil der Sauerstoff nicht ausreichte. Doch bevor ich mich hinsetzte, bemerkte ich ein schweres Gewicht – von vielleicht zwei Kilogramm – auf einem Brett. Ich saß auf dem Ofen unmittelbar neben dem Brett.

Und dann hörten wir, wie sie eine Tür nach der anderen aufbrachen, und als sie in unsere Wohnung kamen, hörte ich ein lautes, splitterndes Geräusch, wie wenn sie den Kleiderschrank beiseite schöben. Jetzt fror ich zum erstenmal, besonders an den Beinen. Und das, genau das war Angst. Doch ich ergriff das Gewicht und kann mich nicht mehr erinnern, ob die Angst danach fortdauerte. Dann hörten wir sie sagen: «Ist nichts da.» Und damit zogen sie ab.

Es dauerte lange, bis sich jemand bewegte. Später stellte sich heraus, daß sie den Kleiderschrank beim Öffnen so schwer beschädigt hatten, daß die Rückwand herausfiel und die Tür zu unserem Versteck verdeckte.

Dann hörten wir drei Schüsse. In unserer Wohnung waren drei Personen verblieben. Da spürte ich zum erstenmal wirkliche Angst und zitterte, als hätte ich Schüttelfrost. Und als alles vorbei war, blickte mich unsere Chefärztin an. Sie wartete darauf, daß ich hinausginge, um nachzuschauen, ob die Luft rein sei. Doch ich konnte nicht, denn ich zitterte noch immer. Erst als jemand kam, der uns herausholte und uns sagte, alles sei vorüber, nahm ich Fecia und ging durch ihre Wohnung sowie über einigen Schutt hinüber zu uns. Dort schien alles in Ordnung zu sein. Nur die Kranken waren nicht mehr da.

Aber die Zeiten hatten sich geändert. Für die nächsten drei Monate sollte die Jüdische Kampforganisation im Ghetto den Ton angeben. Mir über mich selbst den Kopf zu zerbrechen war weniger wichtig, als über die richtige Todesart nachzudenken. Die Menschen organisierten sich, Menschen, die einige Monate später in Flammen aufgehen sollten wie ein makabres Feuerwerk vor den Augen der ganzen Welt. Während dieser Razzien im Januar waren auch von der Gegenseite, unserer Seite, Schüsse abgefeuert worden. Auf den Straßen des Judenviertels lagen tote deutsche Soldaten. Am 18. Januar schrieb Szlengiel sein Gedicht *Gegenangriff**, von dem innerhalb weniger Tage zahlreiche Exemplare überall im Ghetto die Runde machten. Aber für mich hatte die zweite Phase der Geschichte begonnen. Am 25. Januar 1943 wechselte ich auf die «arische Seite» über. Marysia, die bereits dort war, und ich organisierten nun Mittel, um Menschen aus dem Ghetto zu lotsen. Wir beschafften Wohnungen und Papiere für solche, die zum Weggehen in der Lage waren.

Wir halfen denen, die uns besonders nahestanden, unseren Kolleginnen und Kollegen aus dem Krankenhaus. Die letzte, die es schaffte, zu uns zu stoßen, war Renia Frydman (Zosia). Dann schrieben wir an unsere Chefärztin und baten sie, das Ghetto zu verlassen, denn wir hätten alles für sie vorbereitet. Ihre Antwort lautete: «Macht Euch keine Sorgen meinetwegen. Ich habe meine eigenen Pläne.» Einen Augenblick lang glaubten wir, sie habe, wie viele andere hervorragende Ärzte, einen anderen Ausweg gefunden.

Für sie aber gab es nur einen einzigen Weg: zusammen mit dem Krankenhaus zu sterben.

Wir wissen nicht einmal, wie sie gestorben ist. Ob in den Flammen des brennenden Krankenhauses, ob irgendwo in

* *Siehe Seite (83 ff.)*

einem Keller. Vielleicht gehörte sie auch zu denen, die verschleppt wurden. Wir wissen es nicht.

Es folgten zwei weitere Jahre. Jahre, in denen ich Haß und Angst kennenlernen sollte. Angst, die Hände und Füße zu Eisblöcken erstarren läßt. Doch das ist eine ganz andere Geschichte.

Jahre sind seitdem vergangen. Viele Jahre.

In dieser großen, modernen Stadt gibt es keine Spur von dem, was hier geschah. Doch, es gibt ein Denkmal.

Aber nicht ein einziges Bruchstück ist von der Mauer geblieben, die einst ein Drittel der Bewohner vom größeren Rest der Bevölkerung trennte. Nicht eine Spur der Steinwüste, zu der sie den Stadtteil machten, in dem Menschen lebten, kämpften und starben – Menschen, deren Familien seit einem Jahrtausend dort ansässig waren. Nicht ein einziges niedergebranntes Haus, aus dessen Fenstern Mütter ihre Kinder geworfen hatten und hinterhergesprungen waren.

Bisweilen gehe ich durch das neue, moderne Viertel, auf Pflastersteinen, welche die Gebeine jener decken, die dort starben. Ich blicke empor, dorthin, wo einst unser Haus und all die anderen Häuser standen.

Wenn ich die Augen schließe, werden mir die Straßen wieder vertraut. Eine Menge Menschen – Schatten – bewegen sich zwischen den Schatten der Häuser, und so deutlich, als wäre es Wirklichkeit, höre ich die Stimmen von Kindern, die in jener anderen Sprache rufen: «*Hob rachmunes*! – Hab Erbarmen!»

Manchmal komme ich zur Sienna- oder zur Śliskastraße. Ich blicke auf das Krankenhaustor, werfe einen Blick durchs Gitter und sehe, daß die Paradiesapfelbäume, die einst dort blühten, nicht mehr sind. Das Krankenhaus trägt nicht den Namen, den es tragen sollte.

Doch ich schließe die Augen. Und das Tor öffnet sich – jenes an der Śliskastraße, wo sich einst ein obdachloses Kind nackt auszog –, und all jene, die verschwunden sind, ziehen hindurch.

Da ist die Chefärztin in ihrem weißen Kittel, die ihre

letzten Visiten macht, und hinter ihr all die Ärztinnen und Ärzte, die Schwestern, das Pflegepersonal, dann die Angestellten der Verwaltung und Dr. Kroszczor, der behutsam das Tor hinter sich schließt.

Ich weiß, daß sie alles so hinterlassen haben, wie es sein sollte, und daß Dola Keilson sämtliche Fußböden blank geputzt hat.

Zweiter Teil
Gegenangriff

ŻOB (*Der Jüdische Kampfbund*)

18. Januar
Stumm, als kümmerte es sie nicht mehr, ging es zu den
    Waggons,
Stumpf blickten sie die Szaulis an – nur Vieh!
Die Offiziere freuten sich, daß alles gar so glattging,
Daß die betäubten Herden weitergingen,
Und schwangen ihre Peitschen. In Gesichter!
Schweigend löste sich die Menge auf dem Platz auf,
Ihr Schluchzen sparte sie für die Waggons.
Ihr Blut und ihre Tränen sickerten in den Sand,
Während das Herrenvolk lässig Zigarettenschachteln auf
    sie warf.
*Aus gutem Grund ist Juno rund!**
Bis zu dem Tag, da sie im Morgengrauen in die von Pro-
    paganda
Eingelullte Stadt eindrangen wie Hyänen aus dem
    Morgennebel
Und das Fleisch erwachte und die Zähne zeigte.
Der erste Schuß ertönte in der Miłastraße,
Ein Gendarm taumelte ungläubig
Am Tor, erstarrte für einen Augenblick
Und schrie: «Verdammt! Ich blute!»
Doch schon knatterten die Brownings
In Niska-, Dzika- und Pawiastraße.
Auf der Wendeltreppe, wo eine Greisin an den Haaren her-
    untergezerrt wurde,
Lag SS-Mann Handke.
Als wäre er zum Sterben außerstande, als ersticke er an der
    Revolte,

---

* *Ein im damaligen Deutschland und in den besetzten Gebieten bekannter Werbespruch; damals waren Zigaretten in der Regel flach, die der
Marke Juno dagegen war rund.*

Spuckte er Blut auf eine Schachtel – *Juno ist rund, rund, rund.*

Und gründlich wird alles beantwortet:

Der Gendarm in seiner blauen Uniform liegt auf den speichelnassen Stufen in der jüdischen Pawiastraße und merkt nicht,

Daß bei Schultz und Többens*

Patronen lustig ihren Tanz vollführen.

Das Fleisch wehrt sich, es steht auf und kämpft!

Das Fleisch speit Granaten aus den Fenstern,

Das Fleisch schleudert scharlachrote Flammen,

Das Fleisch krallt sich an den Rand des Lebens!

Welch eine Lust, euch zwischen die Augen zu schießen!

Ihr seid jetzt an der Front, *meine Herren!*

Hier trinkt man kein Bier mehr,

Hier hat man mehr Mut,

Blut, Blut, Blut.

Weg jetzt mit euren hübschen weichen Lederhandschuhen,

Weg jetzt mit euren Peitschen, und auf die Helme!

Hier unser Lagebericht für morgen:

«Wir trieben einen Keil in das Többens-Viertel.»

Das Fleisch wehrt sich, kämpft und schmettert Lieder!

Hör, deutscher Gott, so beten Juden in ihren Höhlenwohnungen,

Während sie eine Eisenstange oder eine Keule schmieden:

Wir bitten dich, Herr, um eine blutige Schlacht,

Gewähre uns, Herr, ein tapferes Ende,

Vor dem Anblick nicht enden wollender Gleise schütz uns der Tod.

O Herr, stärk unsre Hände,

Laß sie die blaue Uniform tränken mit Blut,

Laß uns vor unsrem allerletzten Hauch

Jene hochmütigen Hände sehn, jene peitschenschwingenden Hände,

Wie sie nun zittern vor ganz gewöhnlicher, kreatürlicher Angst.

* *Schultz und Többens: große Betriebe deutscher Firmen im Ghetto.*

Aus der Niska-, der Miła- und der Muranowskastraße
Treiben unsre Gewehrläufe Flammenblüten.
Dies ist unser Frühling! Unser Gegenangriff!
Wie Wein steigt diese Schlacht uns in die Köpfe!
An der Ecke der Ostrowska- und der Miłastraße sind
    unsre Partisanenwälder,
An unsrer Brust beben unsre Blocknummern –
Die Medaillen unsres Jüdischen Kriegs.
Das Wort Revolte schlägt wie ein Sturmbock zu,
Und auf der Straße liegt eine zertretene Schachtel,
    klebrig von Blut:
Juno ist rund!

WŁADYSŁAW SZLENGIEL

9. Kapitel
Kurierfrau für die ŻOB

Alles begann kurz nach der zweiten Welle der Deportationen in die Lager, die am 18. Januar 1943 erfolgte. Wir wohnten noch einige Tage in unserer Wohnung in der Gęsiastraße 6 zusammen. Meine spärlichen Erinnerungen daran sind eher grau und arm an Details, wie ein unterbelichteter Film. Doch an manches erinnere ich mich. Wir gingen zur Arbeit und reinigten die leeren Stationen, aus denen man unsere wenigen Dutzend Patienten zu den Viehwagen gebracht hatte. Wir saßen zu Hause und sprachen miteinander. Oder wir saßen schweigend da. Die Jungen, Marek Edelman und Welwł Rozowski, gingen in der Regel frühmorgens aus dem Haus. Sie hatten mit ihren eigenen Angelegenheiten zu tun – nämlich mit der ŻOB. Und wir saßen zitternd herum, ohne zu wissen, ob sie am Abend lebend zurückkommen würden, und warteten auf irgendwelche Neuigkeiten oder auf Anweisungen, die sie vielleicht mitbrächten. Anweisungen, die uns sagten, was wir künftig zu tun hätten, denn damals gab es für uns noch eine Zukunft. Wir lebten noch.

«Morgen», sagte Marek am Abend des 24. Januar, «gehst du mit dem Arbeitstrupp hinüber auf die arische Seite. Mach dich fertig!»

Doch ich wollte gar nicht gehen. Deshalb stellte ich mich dumm und sagte zu ihm, ich hätte nicht genug Geld, um den Vorarbeiter des Arbeitstrupps zu bezahlen. Tatsächlich kostete es etwas, wenn man mit dem Trupp das Ghetto verlassen wollte; es war sogar ziemlich teuer. Der Vorarbeiter des Arbeitstrupps (der aus Juden bestand, die das Ghettto verließen, um auf der «arischen Seite» zu arbeiten) schmuggelte mit den Arbeitern jene hinaus, die aus dem Ghetto fliehen wollten. Dafür mußte er die Gendarmen am Tor bestechen, die beim Abzählen die Fliehenden übersahen, und natürlich mußte auch für ihn selbst etwas dabei herausspringen.

Marek erwiderte, das Geld sei nicht mein Problem, doch ich versuchte weiterhin, aus der Sache herauszukommen, denn ich wollte nicht gehen, sondern mit all den anderen hierbleiben.

Marek erklärte, ich sähe «gut» aus – ich war blond und hatte blaue Augen –, ich spräche polnisch ohne den mindesten Akzent, so daß ich mich ungehindert in der Stadt bewegen könne, und ich wäre ihnen dort von größerem Nutzen als hier. Doch noch immer schien es mir blanke Desertion, denn die hier würden sterben, während ich draußen weiterlebte. Nein, ich könne es nicht tun… Da griff Abrasza Blum in die Debatte ein. Er hielt sich damals bei uns auf. Erst kurz nach der zweiten Deportationswelle war er bei uns aufgetaucht, ich glaube, am Abend des 19. Januar. Er litt an Ischias, war bettlägerig und mußte Spritzen bekommen. Er hatte große Schmerzen.

Er sagte nicht viel. Er lächelte nur sein heiteres Lächeln und sagte, es müsse getan werden. Und es sei überhaupt nicht ungefährlich. Aber wir brauchten dort Leute, die sich um verschiedene Dinge kümmerten. Nicht nur um Versorgung. Schließlich kämen unsere Waffen von draußen, sagte er. Also…?

Und ich entgegnete nichts mehr.

Ich hatte eine Menge Respekt vor ihm.

Einige Wochen vor der zweiten Deportationswelle, so um Neujahr 1943 herum, schrieb ich jenes Stück, das letzte, was ich für die nächsten dreiundvierzig Jahre schrieb. Vor dem Krieg hatte ich daran gedacht, Schriftstellerin zu werden – es sollte mein zweiter Beruf neben der Medizin sein. Es war eine Art Theaterstück, ein dramatischer Monolog. Über einen Totengräber, der in Treblinka Menschen begrub und seine engsten Verwandten in die Gaskammern führte, ich weiß nicht mehr, ob es seine Eltern oder seine Frau mit den Kindern waren. Und am Neujahrsabend kommen sie alle zurück zu ihm, jene, die er sterben sah, jene Kinder aus Auschwitz, denen die Füße am Boden festfroren, und die schwangeren Frauen, die jungen und die alten. Alles, an was ich mich davon noch erinnere, ist eine Zeile, die immer wieder refrainartig wiederholte: «Waggons, Waggons, Waggons, rumpelnde Züge auf Schienen.» Mehr ist mir nicht im Gedächtnis geblieben. Ich weiß nur noch, daß es mit der lauten Stimme eines Rufers oder mit einer Prophezeiung schloß, im folgenden Jahr werde Rache kommen, am Ende würden die Deutschen all das durchmachen, was wir selbst durchgemacht hatten – mit sterbenden Kindern und Müttern und alten Leuten –, und auch sie würden durch leere Straßen wandern...

Als wir das eines Tages gemeinsam durchlasen, meinte Abrasza, so sollte es nicht sein. Niemand werde an Kindern und alten Leuten Rache nehmen, und auf jeden Fall sei es falsch, eine ganze Nation zu hassen. Da ging mir plötzlich auf, daß er recht hatte. Ich arbeitete das Ende um, und nun war von «Sieg» und «nie wieder» oder etwas ähnlichem die Rede. Abrasza hatte großen Einfluß auf mich. Deshalb gab ich, als er sagte, ich solle gehen, meinen Widerstand auf. Ich verstand, daß in Kriegszeiten Befehl Befehl war.

Ich ging. Mit dem Arbeitstrupp.

Es war am Morgen des 25. Januar 1943.

Es war ein prächtiger Sonnentag. Frostig. Doch mir war heiß. Unter meinem braunen Mantel trug ich drei Lagen Unterwäsche und ein Nachthemd, das so zurechtgesteckt war, daß es nicht unter meiner anderen Kleidung hervorsah: einem Sommerkleid, einem Kostüm von guter Qualität und einer Sommerkombination. Die Kombination war sehr alt, noch von meiner Abitursfeier her, aber ich hatte nichts Besseres. Außerdem trug ich zwei Blusen und eine Strickjacke. Daß ich über diesen ganzen Kleiderladen auch noch den Sommermantel ziehen konnte, verdankte ich wahrscheinlich den vorausgegangenen drei Jahren. Zwar war es bei mir nicht zu Hungerödemen gekommen, doch Übergewicht hatte ich gewiß nicht.

Mein Gepäck bestand aus einer Einkaufstasche. Darin befanden sich ein Reservepaar Tennisschuhe und gewisse andere bedeutende Schätze, etwa Fotos – Unmengen von Fotos – und ein Bild, das ich für meine Mutter gemalt hatte, als ich fünfzehn war, ferner ein Aschenbecher aus dänischem Porzellan, der wie durch ein Wunder ganz geblieben war.

Diesen höchst wertvollen Schatz verlor ich erst im Warschauer Aufstand, und dies ist bis zum heutigen Tag der einzige Verlust, mit dem ich mich nicht abfinden kann.

Als einziges Stück ist zufälligerweise ein Bild aus meiner Kindheit erhalten geblieben. Ich besitze es noch heute. Auf ein vergilbtes Brettchen gemalt, zeigt es das Fenster meines Zimmers mit seinem schiefen Rolladen und einer eingetopften Amaryllis sowie den Blick durch das Fenster auf das Gebäude jenseits des Hofes und die Dächer der dahinter gelegenen Häuser. Ein Fragment einer untergegangenen Welt.

Ich ging durch die Wache, ohne durchsucht zu werden, inmitten der Menge von Juden, die zu ihrer Arbeit in den Fabriken auf der «arischen Seite» der Mauer gingen. Ich weiß nicht mehr genau, welches Tor es war, aber es war wohl das an der Ecke von Leszno- und Żelaznastraße. Ja, es muß dieses Tor gewesen sein, denn ich erinnere mich, daß ich mich plötzlich in einer Menge befand, die sich dort an der Straßenecke drängte. Es waren schmierige Typen, die darauf warteten, den Juden, die das Ghetto verließen, etwas abzuhandeln, und Erpresser, die nach Opfern für ihre dunklen Machenschaften suchten. Ich hörte sie miauen – so pflegten sie einander anzukündigen, daß sich ihnen ein Jude näherte –, doch ich streifte sofort meine Armbinde* ab und blickte ihnen so ruhig in die Augen, daß niemand daran dachte, mich aufzuhalten. Ich mischte mich einfach unter die Menge. Ja, es muß in der Żelaznastraße gewesen sein, denn ich befand mich plötzlich in der Złotastraße. Maria Zarębianka, deren Mutter Mamas Kindermädchen gewesen war und die ihrerseits mit Mama befreundet war, wohnte hier. Zu ihr ging ich an diesem ersten Tag.

Hela Keilson, die mit mir das Ghetto verlassen hatte, blieb irgendwo anders, ich weiß aber nicht, wo.

Maria – Maniusia, wie wir sie vor dem Krieg nannten –

---

* *Juden, die außerhalb des Ghettos arbeiteten, mußten, wenn sie das Ghetto verlassen hatten, Armbinden mit dem Davidsstern tragen.*

hieß mich herzlich willkommen. Sie hatte Tränen in den Augen und konnte ihre Angst kaum verbergen, denn überall in der Stadt hingen Bekanntmachungen, wonach jedem die Todesstrafe drohte, der Juden versteckte. Und das waren keine leeren Drohungen.

Ich spürte ihre Angst sofort; deshalb sagte ich ihr gleich nach der Begrüßung, ich wolle nur eine einzige Nacht bei ihr bleiben. Ich hätte schon eine Bleibe für den nächsten Tag; allerdings war ich keineswegs sicher, daß dies zutraf. Die Nacht schlief ich in Marias Wohnung auf einer Matratze auf dem Boden. Maria bot mir ihr eigenes Bett an, doch ich lehnte ab, denn sie war so alt wie meine Mutter, wenn nicht noch älter.

Es ging ihr nicht gut. Sie arbeitete als Angestellte bei der Straßenbahngesellschaft und verdiente so gut wie nichts. Zu Abend aßen wir, was sie im Haus hatte, Brot und Blutwurst. Es war schreckliche Kriegsware, doch damals schmeckte es köstlich.

Als ich zu Bett gegangen war, fand sie in einem Kasten einen alten Pelzkragen und nähte ihn an meinen Mantel, denn man konnte Flüchtlinge aus dem Ghetto leicht daran erkennen, daß sie keine Pelze besaßen. Die Juden hatten alles Pelzwerk abgeben müssen, weil die Wehrmacht warme Kleidung benötigte. Doch nicht alle hatten ihre Pelze abgegeben; manche hatten sie an die Schwarzhändler verkauft, die sofort über das Ghetto herfielen, als sie von dem Befehl gehört hatten, die Pelze abzuliefern, und andere hatten ihr Pelzwerk einfach verbrannt. Mama und ich hatten Mamas Pelzmantel und meinen Pelzkragen in Fetzen geschnitten und Stück für Stück in dem eisernen Ofen verfeuert, mit dem wir unsere Wohnung heizten. Infolgedessen hatte mein Mantel keinen Pelzkragen mehr, und der neue Kragen bedeutete mir eine Menge. Außerdem teilte mir Maria einige wichtige Dinge mit, zum Beispiel, daß Zeitungsjungen laut Warnungen ausriefen, wenn eine Razzia bevorstand, daß man aber gut zuhören müsse, weil sie überdies meldeten, in welcher Straße die Razzia gerade im Gang war. Sie erzählte mir auch von den Straßenbahnfahrern und daß man sofort abspringen müsse, wenn die Bahn zwischen zwei Haltestellen plötzlich langsamer fuhr, denn das bedeutete, daß an der nächsten Haltestelle Deutsche waren. Über die Vergangenheit sprachen wir überhaupt nicht, weder über meine Mutter noch über das, was mir während der letzten Jahre widerfahren war. Am anderen Morgen um halb sieben verließ ich die Wohnung, denn um sieben ging Maria zur Arbeit.

Ich sah sie nie wieder. Vor dem Warschauer Aufstand ging ich nicht zu ihr, um sie nicht zu gefährden; ich rief sie nur ein paarmal am Arbeitsplatz an. Nach dem Krieg schrieb ich ihr aus Łódź und erhielt eine sehr herzliche Glückwunschkarte zu Mamas Geburtstag am 1. Dezember 1945. Doch damals konnte ich nicht zu ihr nach Warschau fahren, denn ich hatte eine zwei Wochen alte Tochter. Als ich schließlich im März 1946 nach Warschau fuhr, war Maria wenige Wochen zuvor, im Februar, gestorben. Ich fühlte mich schuldig, weil ich mich nicht früher bei ihr hatte bedanken können.

Als ich am Morgen des 26. Februar 1943 ihre Wohnung verließ, sah ich mich erst einmal in Warschau um. Ich war um zehn Uhr mit Hela Keilson verabredet und hatte daher eine Menge Zeit.

Ich ging zu Fuß. Irgendwie trugen mich meine Füße von der Złotastraße zur Marszałkowskastraße, durch die Królewskastraße zum Sächsischen Garten (Ogród Saski) und dann zum Krakowskie Przedmieście. Schließlich bog ich in die Miodowastraße ein, als wollte ich nach Hause in die Świętojerskastraße.

Aber ich empfand nichts, obwohl ich in all den Tagen, Monaten und Jahren meine Stadt vermißt hatte, die außerhalb der Ghettomauern lag. Ich empfand nichts, weil ich noch dort war, jetzt und für immer, hinter der Mauer mitten im täglichen Geschehen, und diese normale Stadt war in gewisser Weise nicht mehr die meine, oder ich gehörte nicht mehr hierher.

Doch während meines ersten Spaziergangs kam ein Augenblick, da dieser Spaziergang mein letzter hätte sein können. Jemand kam auf mich zu und fragte nach der Zeit. Das war alles. Ich griff mit dem rechten Arm hinüber zum linken, um die Armbanduhr frei zu machen, und sah auf meinen rechten Ärmel – nichts.

«Ich habe meine Armbinde vergessen», sagte ich instinktiv, und es überlief mich kalt. Doch der Mann hatte nichts gehört, oder vielleicht tat er auch nur so.

«Pardon», erwiderte er. Ich hatte schon meine Selbstbeherrschung wiedergewonnen, und als wäre nichts geschehen, sagte ich: «Halb acht.»

Meine Beine waren wie aus Gummi. Ich hatte Angst, mich umzusehen. Ich bog in die Długastraße ein und ging zur Fretastraße, nicht mehr in Richtung unserer Wohnung, einer Wohnung, die nicht mehr die unsere war.

Und dann kaufte ich in der Fretastraße ein Brötchen. Ein ganz gewöhnliches Brötchen, das noch warm war. Ich hatte Hunger. Ich hielt es in der Hand und wagte nicht hineinzubeißen. Benahm ich mich vielleicht auffällig, wenn ich auf offener Straße ein Brötchen aß? Ich stellte mich in einen Hauseingang und aß es – ein richtiges weißes Brötchen. Und dann kam mir in den Sinn, daß ich so nicht weitergehen konnte, daß ich alles abschütteln mußte, sogar meine Erinnerungen. Ich mußte wieder ein normaler Mensch in den Straßen einer gewöhnlichen Stadt sein.

Nur daß dies keine gewöhnliche Stadt mehr war.

Sie schien mir zu ruhig, ja feindselig.

Einige Einzelheiten sind meinem Gedächtnis entschwunden. Ich weiß nicht mehr, wann ich mich mit Marysia (Bronka Feinmesser) traf, die in unserem Krankenhaus Sekretärin gewesen war. War es am selben Tag, als ich Hela in einem Café an der Miodowastraße traf, oder einen Tag später? Ich weiß auch keine Einzelheiten unseres Treffens mehr, obwohl wir uns mehrere Monate lang nicht gesehen hatten. Es war, als wären wir nie getrennt gewesen und hätten die ganze Zeit zusammen verbracht. Nur daran erinnere ich mich noch, daß wir gemeinsam zu der Adresse an der Senatorskastraße unweit der Miodowastraße gingen, die Marek uns gegeben hatte.

Hier wohnte der Mann, der in den nächsten Monaten mein unmittelbarer Vorgesetzter sein sollte. Von ihm erhielt ich Geld und Instruktionen.

Wir kamen nie besonders gut miteinander aus. Er war distanziert, hochnäsig, förmlich und von seiner eigenen Wichtigkeit zutiefst überzeugt. Zum Glück stieß schließlich Marek zu uns und wohnte bei Antek (Icchak Cukierman); danach wurden alle Angelegenheiten mit ihnen geregelt. Doch das war viel später. Nach dem Ghettoaufstand.

Vorerst bin ich noch beim ersten, nein, beim zweiten Tag.

Ich traf Hela in dem Café in der Miodowastraße unweit vom Krakowskie Przedmieście. Das Café befand sich vorn im Haus. Es gehörte Frau P., deren Mann Oberst bei der polnischen Armee war; an den Familiennamen kann ich mich nicht erinnern. Mit ihren drei bildhübschen Töchtern wohnte Frau P. im ersten Stock des Gebäudes. Wir verbrachten die ersten Nächte bei ihnen in einem geräumigen Gemeinschaftsraum. All unsere Habseligkeiten und all unser Geld hatten wir in einem großen Koffer bei uns. Nachdem auch meine Tante das Ghetto verlassen hatte, hob ich darin auch ihr Geld auf, denn sie traute den Leuten nicht, bei denen sie wohnte.

Nach einigen Tagen fanden wir eine andere Bleibe. Hela und ich schafften es, als Untermieter in ein Zimmer an der Dzielnastraße nahe dem Ghetto zu ziehen, und wir meldeten uns dort auch ganz offiziell an, natürlich mit den gefälschten Papieren, die wir sofort bekommen hatten. Aber wer hatte sie uns ausgestellt? Ich weiß es nicht. War es vielleicht Piotr, der Juden mit Personalausweisen versah und schon mit Marysia in Verbindung stand? Oder war es unser Vorgesetzter an der Senatorskastraße? Ich weiß es nicht. Ich erinnere mich nicht einmal mehr an den Familiennamen auf meiner falschen Kennkarte. Ich weiß nur noch, daß ich auf all meinen Papieren den Taufnamen Irina hatte, dazu den echten Vornamen meiner Mutter, Stefania, und mein richtiges Geburtsdatum. Alles andere war falsch.

Ich entsinne mich jedoch, daß Hela nun Janina Puławska hieß und ihr Vater auf seinen falschen Papieren den Namen Leon Małecki trug. Das weiß ich noch deutlich, denn ich erfuhr es in einem schrecklichen Augenblick. Doch davon später.

Von den ersten Tagen an waren Marysia und ich fast immer zusammen, und wir begaben uns auch bald an die Arbeit.

Unsere Aufgabe bestand darin, für jene, die das Ghetto

verlassen sollten, Wohnungen zu suchen und einzurichten und denen, die sich in der Stadt bewegen konnten, falsche Papiere zu besorgen.

Unser Treffpunkt war das Café in der Miodowastraße, und ich werde wohl nie erfahren, wer von denen, die sich dort einfanden, am leichtsinnigsten war. Außer uns verkehrten viele Menschen in dem Café – Leute, die Papiere fälschten, jene, die falsche Papiere brauchten, und viele andere, die der Widerstandsbewegung angehörten und mit allen möglichen Problemen ankamen; einige von ihnen hatten mit uns gar nichts zu tun.

Hela war völlig außer sich und viel zu eingeschüchtert, um auszugehen. Ich wußte nur, daß sie regelmäßig ihre Eltern besuchte, für die wir irgendwo an der Wspólnastraße oder an der Prostastraße eine Unterkunft gefunden hatten.

Anfangs benahm ich mich ziemlich dumm. Ich weiß nicht, ob es Mut, Tollkühnheit oder einfach Gedankenlosigkeit war. Ganz am Anfang verhielt ich mich so, als wäre ich noch immer dieselbe wie früher, als hätte ich weiterhin ein Recht darauf, durch diese Straßen zu gehen und mich unter diese Menschen zu mischen.

Eines Tages ging ich zum Friseur in der Długastraße, wo meine Mutter und ich vor dem Krieg Stammkundinnen gewesen waren. Ich ging zu derselben Friseuse und blickte in denselben Spiegel, als wäre nichts geschehen. Nur das Gesicht im Spiegel hatte sich ein wenig verändert.

Auch die Friseuse verhielt sich völlig normal.

«Möchten Sie eine Haarwäsche?» fragte sie mich.

Erst später, als sie mir das Haar legte, beugte sie sich über mich.

«Und Ihre Mutter?» fragte sie mich leise.

Ich schüttelte den Kopf und erwiderte nichts.

«Sie haben geschmeidiges Haar», sagte sie, und dann sprachen wir nicht mehr miteinander.

«Du Idiotin, du vertrauensselige Idiotin», schalt ich mich, als ich den Friseursalon verlassen hatte. Doch so etwas passierte mir nur ganz am Anfang. Später hätte ich es nie mehr getan.

Nein, von diesen ersten Tagen und Wochen fällt mir nicht mehr viel ein.

Damals zählte für mich auch nur meine Arbeit.

Sie nahm mich völlig in Anspruch.

Morgens verließ ich für gewöhnlich unser Zimmer in der Dzielnastraße, um mich im Café mit Marysia zu treffen. Wo sie damals wohnte, fällt mir nicht mehr ein. Wie andere Gäste verzehrten wir unser Frühstück, und bei Tee und einem süßen Gebäck planten wir unsere weiteren Tagesaktivitäten. Oft setzte sich Piotr, der, wie ich schon sagte, Ghettoflüchtlinge mit falschen Papieren versah, zu uns, und häufig nahmen unter der Serviette Fotos ihren Weg zu ihm, oder er schob uns Geburtsurkunden und Kennkarten zu. Bisweilen gab es auch Untergrundzeitungen*. In dem Augenblick, als ich die Papiere in meine Handtasche steckte oder in meiner Kleidung verbarg, begann für mich das Zittern – das Zittern der Angst. Es war ein Gefühl von Kälte unter der Haut – das Bewußtsein, daß von jetzt an jede zufällige Kontrolle auf der Straße das Ende bedeuten konnte. Und der Tag hatte erst begonnen.

Wir gingen in verschiedene Stadtteile – nach Żoliborz, Powiśle, Praga. So viele Adressen – wo hatten wir nur all diese Adressen her? Jemand fragte mich einmal, und ich wußte es nicht. Vielleicht von Anschlägen an den Eingängen der Häuser, auf denen Mieträume angeboten wurden. Oder, und dies wohl öfter, durch das Netzwerk von Verbindungen mit Leuten, die «zuverlässig» waren. Wann immer wir zu einer neuen Adresse gingen, wußten wir nie genau, ob es wirklich ein guter Tip war oder eine Falle, ob wir nach dem Verlassen der Wohnung der Polizei in die Hände laufen würden oder ob die Menschen, denen wir dort zu einer Bleibe verhalfen, ihres Lebens sicher seien. Täglich gab es ein Treffen in einem Café in Praga oder in der Nowogrodzkastraße, bei dem wir von unseren Boten den nächsten Schwung Fotos übernahmen und ihnen manchmal im Austausch dafür fertige Dokumente aushändigten. Dokumente und Quartier – das waren damals die wichtigsten Dinge.

Kurz vor Frühlingsanfang, als der Ghettoaufstand

---

* *Flugblätter und Lageberichte, die wahrscheinlich von der Heimatarmee herausgebracht wurden.*

näher rückte und nachdem Antek, Kazik, Bojowiec, Synicka, Ratapier und Michał Klepfisz zu uns gestoßen waren, hatten wir manchmal Pistolen und Munition von einem Platz zum anderen zu transportieren, das heißt, von denen, die sie verkauften oder lieferten, zu einem Versteck in der Nähe des Ghettos, wo sie jemand übernahm. Mit einer Pistole in der Tasche hatte ich weniger Angst, denn ich wußte, daß sie mich nicht lebend kriegen würden. Manchmal kippte ich vor dem Weggehen auf der Treppe noch rasch ein Glas Wodka in mich hinein, um mir Mut anzutrinken. Dann machte ich mich auf den Weg. Beschwipst. Und in solch einem beschwipsten Zustand hielt mich einmal in der Żelaznastraße eine Streife an und forderte mich auf, die Tasche zu öffnen. Sie enthielt Kartoffeln, doch darunter war Munition versteckt. Ich setzte ein breites Grinsen auf und öffnete die Tasche weit. «Los», sagte der deutsche Gendarm. Und ich ging weiter.

Doch tatsächlich begann ich gerade damals Angst zu haben. Denn mehrmals traf ich Leute von der Universität, und einige von ihnen sahen mich ganz seltsam an. Einmal sprang ich aus einer fahrenden Straßenbahn, um einer ehemaligen Mitstudentin zu entgehen. Sie war Mitglied der ND*, eines der aktivsten in unserem Jahrgang. An sie erinnere ich mich gut. Sie war klein, blond, häßlich und hatte ein pickliges Gesicht. Allerdings hatte sie hübsche, sehr blaue Augen. Sie hieß Janka; ihr Familienname fällt mir nicht mehr ein. Ich war schon eine Weile in der Bahn, als ich sie erkannte. Ich stand auf der Plattform, und sie saß im Wageninneren. Neben ihr stand ein junger Mann. Ihn kannte ich nicht; er war nicht von unserer Fakultät. Sie sah mich an und sagte dann etwas zu ihm, wobei sie unablässig in meine Richtung blickte. Was sie zu ihm sagte, hörte ich nicht; ich wollte aber auch nicht abwarten, was als nächstes passieren würde. An der nächsten Ecke sprang ich ab. Ich glaube nicht, daß es jemandem auffiel.

Seit mir mein «Boß» etwas Zyanid mitgegeben hatte, empfand ich weniger Angst, denn das Schlimmste, was ich

* *Partia Narodowo-Demokratyczna (Nationaldemokratische Partei).*
Die Partei stand extrem rechts und war auch antisemitisch.

mir vorstellen konnte, war, daß ich die Schläge nicht aushalten und alles verraten würde. Was ich nicht wußte, war, daß das Zyanid bereits zu alt war, um zu wirken.

Und als der Frühling kam, wurde mir bewußt, daß dies noch immer meine Heimatstadt war, daß mich noch viele Menschen kannten und sich meiner erinnerten, daß ich die ganze Zeit durch dieselben Straßen ging wie früher.

Damals arbeitete Frau Dr. Margolisowa irgendwo in der Muranowskastraße als Kindermädchen, und wir besuchten sie dort oft. Durch die Fenster des Treppenhauses konnten wir das Ghetto sehen, und dort versuchten wir immer wieder, nach Menschen Ausschau zu halten, die wir kannten, erblickten jedoch nie jemanden, der uns bekannt war.

Meistens nahm ich überallhin Marysia mit, denn das war sicherer. Wir gingen dann miteinander, lächelten und plauderten wie zwei junge Mädchen – ganz und gar wie all die anderen Mädchen in den Straßen von Warschau. Wäre indes eine von uns allein ausgegangen, hätte sie sich vielleicht vergessen und «traurige Augen» gemacht, die den inneren Schmerz verraten hätten.

Ich erinnere mich nicht mehr, wer im einzelnen wann das Ghetto verließ. Doch so viel weiß ich, daß damals bereits viele herausgekommen waren, unter ihnen einige meiner engsten Freunde und Verwandten. Einige von ihnen, so Frau Dr. Margolisowa, kamen kurz nach uns, doch wann es beispielsweise unsere Freundin Stasia, Welwłs Frau, schaffte, das Ghetto zu verlassen, ist mir nicht mehr bekannt. Ich weiß lediglich, daß sie es schaffte, ebenso wie meine Tante und auch einige aus der Familie von Frau Dr. Braude-Hellerowa – ihr Neffe Bubi Aftergut und ihre Schwester Judita Braude. Für sie alle wurden Unterkünfte gefunden, doch gab es immer wieder Verräter, so daß wir neue Verstecke für sie finden mußten.

Für Stefan, meinen Mann, fand ich ein Versteck im Keller einer Obst- und Gemüsehandlung in Mokotów. Seine Eltern sowie sein Bruder Mietek und dessen Frau hatten das Ghetto nicht verlassen wollen.

Leider hatten wir bereits die bittere Erfahrung machen müssen, daß es verdächtig war, wenn ein Hausbesitzer, den wir um eine Wohnung angingen, viel Geld haben wollte; er konnte sich als Erpresser entpuppen. Doch oft hatten wir keine Wahl und mußten auf das Risiko eingehen.

Eines Tages benahm sich jemand von «unseren» Leuten aus dem Krankenhaus äußerst schändlich. Es spielt keine Rolle, wer es war. Man hätte noch Verständnis aufbringen können, wenn es darum gegangen wäre, ein Leben zu retten, denn die Menschen hingen verzweifelt am Leben. Aber hier ging es lediglich um Geld.

Man verkaufte uns eine leere Wohnung – das heißt, wir erstatteten die bereits geleistete Anzahlung – mit dem Hinweis, man habe anderswo etwas Komfortableres gefunden. Marysia brachte dort Frau Natanblut unter, und zwar, wie ich glaube, zusammen mit Judita Braude. Als dann jemand auftauchte, um die beiden zu erpressen, war klar, daß die Wohnung von Anfang an verraten worden war. Glücklicherweise begnügten sich die Erpresser mit Geld. Ich weiß nicht mehr, warum, aber einige Tage später mußten wir in dieser Wohnung übernachten. Es ließ sich nicht vermeiden. Einige von uns waren dort, auch Stasia. Wir saßen im Dunkeln beisammen. Spät in der Nacht klopfte es plötzlich an die Tür. Vielleicht waren es die Erpresser. Wir saßen ohne Licht da und verhielten uns völlig ruhig, genauso, wie wir es im Ghetto getan hätten. Es klopfte noch mehrmals, doch schließlich gaben sie auf. Alle beneideten mich, weil ich wegen eines furchtbar schmerzenden Abszesses am Finger gar nicht merkte, was vor sich ging. Die ganze Nacht lief ich umher und hielt den Finger hoch. Als wir am Morgen danach wieder gingen, suchte ich Dr. Skonieczny auf, welcher der Dekan unserer Klinik gewesen war und jetzt im Omega-Krankenhaus an der Jerozolimskiealee arbeitete. Er schnitt die Eiterbeule auf. Das Ganze erinnerte an das chinesische Sprichwort: «Hast du Zahnschmerzen, dann laß dich von jemandem auf die andere Backe schlagen.»

Einzelheiten aus der Zeit von Ende Januar bis April sind meinem Gedächtnis entschwunden. Ich lebte in einem Traumzustand, war wie in Trance. Seit wir außerhalb der Ghettomauer lebten, bestand unser ganzes Tagwerk darin, daß wir umherhasteten und allerlei Dinge zu arrangieren versuchten. Manchmal ging es um Geld, manchmal um Waffen, manchmal sammelten wir Leute auf, die gerade dem Ghetto entronnen waren. Und irgendwie schien das alles bedeutungslos. Denn all unsere Gefühle kreisten um das, was sich innerhalb der Ghettomauern abspielte. Oft ging ich zwecks «Lieferungen» an die Mauer – wir warfen Sachen hinüber oder nahmen Sachen von drüben in Empfang –, und ich erinnere mich, daß ich manchmal träumte, sie ließen mich ins Ghetto zurückkehren.

Am 17. April mußte ich zusammen mit Michał Klepfisz tatsächlich ins Ghetto hineingehen, weil wir eine Menge zu liefern hatten. Wir standen bereits vor unserem Eingang, als ich im letzten Augenblick erfuhr, daß ich draußen bleiben müsse. Michał bat mich, seine Frau Lodzia und die kleine Irenka nicht zu vergessen, und er ging, während ich nach Żoliborz zurückmußte. Ich brach in Tränen aus, doch nach wenigen Augenblicken erinnerte ich mich daran, daß es verboten war, auf offener Straße zu weinen.

Ein wenig früher, so um den 9. April, verließ Renia Frydman (Zosia) das Ghetto. Sie war die letzte aus unserem Krankenhaus, die herauskam. Gerade damals erhielten wir jenen letzten Brief von Frau Dr. Braude-Hellerowa, der Chefärztin, die uns mitteilte, daß sie ihre «eigenen Pläne» habe. Dann kam bereits die Nacht vom 18. zum 19. April. Ich schlief mit Hela Keilson in unserem Zimmer in der Dzielnastraße, und am Morgen hörten wir Schüsse.*

* *Der Warschauer Ghettoaufstand, der von der ŻOB initiiert war, dauerte vom 19. April bis Mai 1943. Es war ein Kampf mit ungleichen Kräften: 2100 deutschen Soldaten einschließlich SS-Einheiten standen 1200 jüdische Widerstandskämpfer gegenüber, die über 13 schwere MGs, einige Maschinenpistolen und andere leichte Waffen verfügten. Die ŻOB-Kämpfer verwendeten aber vor allem Handgranaten und Brandflaschen (vgl. Martin Gilbert,* The Holocaust, *London 1986). Am längsten leisteten Kämpfer Widerstand, die sich in Unterständen verschanzt hatten. Die anderen Kämpfer wurden mit Flammenwerfern aus ihren Verstecken gejagt; einige entkamen durch die Gänge der Kanalisation. Laut Jürgen Stroop, der die gegen die Widerstandskämpfer eingesetzten SS-Mannschaften kommandierte, fielen während des Aufstands 7000 Juden im Kampf und 30 000 wurden in die Todeslager verschleppt. Das gesamte Ghetto wurde in Schutt und Asche gelegt.*

10. Kapitel
Campo dei Fiori

Die Schüsse waren weit weg. Sie waren nicht in unserem Haus, nicht in unserer Straße. Ich zog mich hastig an und ging hinaus, wo man mir sagte, es sei im Ghetto. Immer wieder hieß es: «Es geht los.»

Ich ging wieder hinauf und berichtete Hela davon. Sie schien sich sofort in sich zurückzuziehen. Ihr Gesicht war grau. Ich versuchte nicht einmal, sie zu trösten.

«Ich gehe hinaus», sagte ich.

«Geh», erwiderte sie nur.

Ich richtete mich sehr sorgfältig her. Ich zog mein bestes Kostüm an, kämmte mich, puderte mir das Gesicht und trug etwas Lippenstift auf. Unmittelbar bevor ich ging, schaute ich in den Spiegel – ein ganz normales Gesicht.

Bei einem Blumenhändler erstand ich einen Strauß Sumpfdotterblumen. Einen großen Strauß. Ich hielt die Blumen in beiden Händen, so daß ich mein Gesicht hineinstecken konnte. So wollte ich mich daran erinnern, daß es Freude auf der Welt gab und daß Frühling war. Es war der Montag in der Karwoche.

Ich ging zum Krasińskiplatz, um unserem Haus so nah wie möglich zu sein. Es war, als trügen mich meine Füße ganz von allein zum Ghetto.

Es gab da einen Brunnen. Er steht dort heute noch. Nur ein ganz gewöhnliches, dickes, plumpes Steigrohr aus vergangener Zeit.

An diesem Brunnen hatte ich mir als Kind die Tränen aus den Augen und das Blut von den Beinen gewaschen, wenn ich auf der Straße oder im Garten hingefallen war.

Doch heute hatte ich keine Tränen wegzuwaschen. Ich stand nur da und lehnte mich an diesen Brunnen, der mir seit meiner Kindheit vertraut war.

Seit einigen Tagen stand auf dem Platz unmittelbar daneben ein Karussell. Ein Karussell, das in Betrieb war. Kinder saßen auf diesem Karussell, und es drehte und drehte sich, und ich konnte die Musik hören. Oder bildete ich mir das alles nur ein? Die Kinder lachten, und die Erwachsenen, die vorbeigingen, lächelten. Und von der anderen Seite der Mauer konnte man Schüsse hören.

Man konnte Schüsse hören, und die Kinder lachten. Und ich stand da mit meinem Strauß Sumpfdotterblumen und lächelte wie alle anderen. Die Leute erzählten später, man habe dort Fahnen gehißt, aber ich sah sie nicht. Ich sah sie nicht, obwohl ich wirklich und wahrhaftig keine einzige Träne vergoß. Selbst wenn ich es gekonnt oder gewollt hätte – ich hätte nicht geweint, denn es war, als wären all die Tränen, die ich je geweint hatte, schon vor langen Jahren vertrocknet.

Es gab auch nichts, worüber man hätte weinen können. Meine Beine waren irgendwie hölzern und schwer, und vielleicht hätte ich mich irgendwo hingesetzt, wenn es eine Sitzgelegenheit gegeben hätte. Aber da war nichts.

Czesław Miłosz schrieb ein wundervolles Gedicht über dieses Karussell. Er schrieb, es sei wie auf dem Campo dei Fiori gewesen, wo man Giordano Bruno* auf dem Scheiterhaufen verbrannte, während die Leute auf dem Platz tanzten. Als ich später, viel später das Gedicht las, dachte ich bei mir, ob Miłosz bei diesem Karussell vielleicht ein lächelndes Mädchen mit einem Strauß Sumpfdotterblumen gesehen hatte.

Ich erinnere mich nicht, was sonst noch an diesem Tag geschah. Ich weiß nur, daß ich gehen mußte, weil ich noch etwas zu erledigen hatte. Doch manchmal scheint es mir, als hätte ich bis zum heutigen Tag dort gestanden.

Manchmal habe ich nachts unmittelbar vor dem Erwachen das Gefühl, meine Beine seien ganz schwer, und dann weiß ich, daß ich noch immer an diesem Brunnen auf dem Krasińskieplatz stehe, daß das Karussell sich dreht und

---

Giordano Bruno (1548-1600), «der erste monistische Philosoph der neueren Völker» (Dilthey), wurde am 17. Februar 1600 in Rom als «Irrlehrer» auf dem Scheiterhaufen verbrannt.

hinter der Mauer unser Haus brennt. Denn dort stand es. Unmittelbar an diesem Platz.

Und dann erwache ich mit einem tiefen Schmerz.

Ich ging nicht jeden Tag zum Krasińskięplatz.

Meistens ging ich mit Marysia zur Muranowskastraße, und wir spähten durch das Fenster im Treppenhaus. Wir starrten, bis uns die Augen schmerzten, doch sehen konnten wir nichts. In unseren Augen war das Grau der Rauchschwaden, in unseren Mündern der bittere Geschmack der Brände, deren Qualm über der Stadt hing. In der Karwoche des Jahres 1943 waren Marysia und ich nach wie vor die lächelnden, sorglosen, fröhlichen jungen Mädchen. Es gab viel zu tun, denn wir glaubten, daß viele mit dem Leben davonkämen, daß nicht alle sterben würden, die da kämpften. Wir mußten uns weiterhin nach Zimmern umsehen, weiterhin für Papiere sorgen, während über Warschau lähmendes Entsetzen lag, das es schwermachte, Unterkünfte zu finden.

Kurz darauf war Gründonnerstag. Es regnete. Deshalb zog ich meine alten Sachen und die Tennisschuhe an und ging in das Café in der Miodowastraße. Meine besten Kleider ließ ich in der Wohnung von Frau P. Marysia, Halina und Hela erwarteten mich, wie wir es verabredet hatten. Doch als ich ankam, sagte mir Marysia, wir müßten sofort nach Żoliborz, denn dort gebe es ein Zimmer zu mieten. Wir sollten es besichtigen und alles organisieren.

Hela Keilson und Halina, Marysias Schwester, blieben im Café, da wir sehr bald zurück sein wollten. Ich glaube, wir wollten dann gemeinsam essen; ich weiß es nicht mehr. Jedenfalls gingen wir. Ich erinnere mich nicht, ob wir jenes Zimmer bekamen. Ich weiß nur noch, daß am Inwalidowplatz eine Razzia im Gang war, so daß wir nicht vorankamen und uns allmählich Sorgen machten, ob die beiden im Café auf uns warten würden. Schließlich nahmen wir von Żoliborz die Straßenbahn zur Miodowastraße, doch dort war niemand mehr.

Das Café war geschlossen, die Straße war leer, und wir gingen vorbei, ohne hinzusehen, und weiter zur Senatorskastraße oder zum Krakowskie Przedmieście. Bei den alten Frauen am Krakowskie Przedmieście kauften wir wieder ein paar Blumen und liefen dann mit unserem Strauß in die Miodowastraße zurück. Dort stand am Haus neben dem Café die Hausmeisterin mit einigen Frauen, und sie berichteten uns, die Gestapo sei mit Lastwagen gekommen und habe alle, die sich im Café befanden, abtransportiert. Auch die Besitzerin des Cafés und ihre Töchter habe man aus dem Haus verschleppt, das anschließend versiegelt worden sei.

Wir gingen weiter. Marysia war klar, daß sie ihre Schwester wohl nie wiedersehen würde, und ich wußte, daß ich wahrscheinlich Hela nie mehr sehen würde. Außerdem standen wir ohne Personalpapiere da, denn Marysia war bei ihrer Schwester gemeldet und ich bei Hela, und wir hatten auch keine Wohnung mehr, denn die in der Dzielnastraße war auf Helas Ausweis eingetragen. Auch andere Habseligkeiten hatten wir nicht bei uns, außer den Kleidern, die wir anhatten, und so gut wie kein Geld – etwa dreihundert Złoty in unseren Taschen. Alles war in dem versiegelten Haus in der Miodowastraße geblieben.

Für Helas bejahrte Eltern mußten wir eine neue Unterkunft finden, denn Hela kannte ihre Anschrift, und man konnte sich auf niemanden und nichts verlassen.

Abermals standen wir auf dem Krasińskieplatz und erzählten einander krampfhaft Witze, um uns zum Lachen zu bringen. Eigentlich hätten wir zur Senatorskastraße gehen und dort berichten sollen, was wir in Żoliborz ausgemacht hatten. Aber wir beschlossen, das nicht zu tun, weil wir nicht wußten, ob wir beschattet wurden. So standen wir da, hielten unsere Blumen und hörten die Explosionen. Die Świętojerskastraße brannte, und wir standen da und lachten. Ich sah unser Haus in Flammen aufgehen. Und ich lachte weiter.

Am Krasińskieplatz befand sich eine Straßenbahn-Endhaltestelle. Wir nahmen eine Tram zum Bahnhof. Dort stiegen wir in einen elektrischen Nahverkehrszug und fuhren nach Świder.

In einem Gasthaus des Orts nahmen wir ein Zimmer für eine Nacht. Das Haus war fast leer, doch die Inhaber bereiteten sich auf die Ostergäste vor, die sie erwarteten. Wir sagten ihnen, wir suchten für den Sommer ein Quartier für unsere Großeltern, denn mein Großvater habe Lungenentzündung gehabt, und wir hätten es nicht geschafft, vor der Sperrstunde wieder in Warschau zu sein. Sie glaubten uns – oder vielleicht wollten sie uns einfach nicht zu viele Fragen stellen. Jedenfalls vermieteten sie uns ein Zimmer, ohne auch nur nach unseren Papieren zu fragen. Tags darauf willigten sie ein, uns das Zimmer noch für einige weitere Tage zu überlassen, sogar über die Osterfeiertage, da wir ja gesagt hatten, daß wir für unsere Großeltern ein Quartier suchten. Tatsächlich mieteten wir in Świder ein Zimmer mit Küche und Veranda für die alten Keilsons, und wir erzählten allen immer wieder, es sei für unsere Großeltern, und Großvater sei gerade sehr krank gewesen.

Nachdem wir diese ersten paar Tage und Nächte bewältigt hatten, mußten wir nach Warschau zurück, denn das Geld ging uns aus. Weitere Übernachtungen in dem Gasthaus hätten wir nicht bezahlen können, und außerdem hatten wir keine Papiere.

Nach Warschau zurückgekehrt und von den Leuten in der Senatorskastraße wieder mit Geld versehen, gingen wir daran, uns neue Dokumente zu beschaffen. Es gab da einen städtischen Angestellten aus Łódź namens Jerzy Trediakowski, der bei seiner Flucht aus Łódź einige Originalstempel und Blanko-Ausweisformulare mitgebracht hatte. Seine Frau besaß in Warschau eine Wäscherei, so daß es einfach war, mit ihm Fühlung aufzunehmen. Er besorgte uns unverzüglich neue Papiere, und tatsächlich besitze ich noch immer jenen Paß mit Łódźer Stempel, auf dem als mein Geburtsort Kiełpiny eingetragen ist und mein Name Irena Meremińska lautet. Meremińska war der Familienname einiger Freundinnen von uns, die jenseits des Bug gelebt hatten, die es aber dort nicht mehr gab – einige von ihnen waren gestorben, andere vor dem Krieg ausgewandert, und auf jeden Fall war es unmöglich, Nachforschungen über Personen auf der anderen Seite des Bug anzustellen. Marysia bekam auf ihren neuen Papieren den Namen einer Studienfreundin von mir, die vor dem Krieg gestorben war. Wir bedienten uns dieser Papiere bis Kriegsende.

Wir erhielten unsere neuen Personaldokumente gleich

nach Ostern, und am selben Tag mieteten wir uns eine Wohnung für den Sommer – ein Zimmer mit Küche und Veranda in Międzylesie*. Von dort aus fuhren wir morgens nach Warschau, und abends kehrten wir dorthin zurück.

Międzylesie war sehr günstig für uns, denn hier war später Sperrstunde, und wir kamen rechtzeitig nach Hause, wenn wir um acht Uhr auf dem Bahnhof waren, und auf jeden Fall war es gut, nachts nicht in Warschau zu sein. Wir behielten diese Bleibe den ganzen Sommer, ich glaube, bis zum Oktober, obwohl wir damals schon wieder in Warschau wohnten, in der Miodowastraße Nr. 24.

Das Zimmer in der Miodowastraße fanden wir durch puren Zufall, kurz nachdem wir unsere neuen Papiere erhalten hatten, und wir meldeten uns mit der Adresse auch polizeilich an. Mit Hilfe der falschen Pässe, die wir Herrn Trediakowski verdankten, hatten wir uns echte neue Kenn- und Meldekarten verschafft. Die Wohnung war separat, was uns sehr zupaß kam. Doch das ist eine lange Geschichte, und alles, was sich in der Miodowastraße abspielte, geschah später, in der Phase kurz vor dem Warschauer Aufstand.

Im Augenblick waren erst einmal die alten Keilsons in Sicherheit, und auch wir hatten einen Unterschlupf. Der Ghettoaufstand war noch nicht zu Ende. Zwar hatten wir viel zu tun, doch schafften wir es, daß wir jeden Tag eine Weile aus der Muranowskastraße ins Ghetto blicken konnten, um zu sehen, was dort vorging. Einmal schien es uns, als sähen wir auf dem Dach eines brennenden Hauses einen roten Pullover... Besonders seltsam war, daß ziemlich lange Zeit, ich glaube, bis zum 3. Mai, die Telefonleitungen zum Ghetto wieder funktionierten. Wir riefen die Eingeschlossenen abends an, doch war bereits klar, daß wir für die Überlebenden einen Fluchtweg organisieren mußten. Antek und Kazik standen in Verbindung mit den Kanalarbeitern, und wir trafen ständig mit den verschiedensten Leuten zusammen, um allerlei zu besprechen.

Die Kanalarbeiter arbeiteten für die Stadtreinigung,

* *Międzylesie. Eine Kleinstadt nordöstlich von Warschau.*

warteten die Abwasserkanäle und kannten deren verzweigtes Netz unter der Stadt. Sie waren unentbehrlich, wenn man Menschen aus der Stadt schleusen wollte, denn es war unmöglich, ohne Führer durch die Kanäle zu gehen. Eher fiel man in ein Regenwasserrohr und ertrank, als daß man einen Weg ins Freie fand. Andererseits aber waren diese Kanalarbeiter die schlimmsten Erpresser. Sie waren ein wahrer Gaunerhaufen. Ihr Leiter, dessen Büro sich irgendwo am Kazimierzplatz befand, war zugleich Anführer einer Erpresserbande.

Uns blieb nichts übrig, als daß wir sie zwangen, uns zu helfen. Wir mußten sie unter Druck setzen. Vor der Widerstandsbewegung hatten sie Angst. Also erklärten wir ihnen, die Widerstandsbewegung habe ihnen befohlen, den Kämpfern den Weg aus dem Ghetto zu zeigen, und Verrat werde mit dem Tod bestraft. Da erst willigten sie ein.

Heute scheint es mir, als habe sich alles an einem einzigen schrecklichen Tag abgespielt – jene ganze Zeit, als das Ghetto brannte, als jeder auf den Straßen und in der Straßenbahn darüber sprach, und jeder ganz anders (die einen voll Mitleid, andere lachend, weil nun «die Juden gebraten» würden), und wir stets lächelnd zuhörten, als ginge uns das alles nichts an; als wir unentwegt umherhasteten mit Anweisungen, dieses zu überbringen oder jenes zu organisieren oder einfach Zusammenkünfte irgendwelcher Leute zu arrangieren. Jegliche Einzelheiten sind mir entfallen. Es war, glaube ich, schon der 8. oder 9. Mai. Damals war alles vorbei. Kazik war durch die Kanalisation ins Ghetto gegangen, um die Kämpfer abzuholen, und alles war erledigt. Ich sollte zum Grzybowskiplatz gehen und mich mit Krzaczek treffen, einem Mann von der AL*. Unterwegs hörte ich in einiger Entfernung Schüsse. Als ich zum Grzybowskiplatz kam, war Krzaczek schon da. Aber er war tot. Ich glaube, dies war das einzige Mal, daß ich beinah in Ohnmacht gefallen wäre; ich mußte mich bei

---

* AL. Die Armia Ludowa («Volksarmee»), die Widerstandsorganisation der polnischen KP, wurde von der Sowjetunion unterstützt und operierte unabhängig von der sehr viel zahlreicheren Armia Krajova («Heimatarmee»).

der Einmündung der Próznastraße auf den Grzybowski-platz an eine Mauer lehnen, denn all unsere Pläne schienen zunichte gemacht, hatte Krzaczek mir doch von den Last-wagen berichten sollen, die an den Kanalisationsausgang in der Prostastraße dirigiert werden sollten.

Doch dann wurde mir klar, daß ich nicht alles gewußt haben konnte. Ich war schließlich nur ein junges Ding, das Botendienste tat. Bestimmt hatten jene an der Spitze, An-tek und die anderen, nicht alles an einem einzigen Faden festgemacht, der nur allzu leicht reißen konnte. Und dann dachte ich, daß ich auf der Straße nicht ohnmächtig wer-den dürfe, daß das idiotisch wäre. Also riß ich mich zu-sammen und ging weiter.

Tatsächlich war alles gut vorbereitet gewesen. Am 10. Mai 1943 fuhren die Lastwagen vor dem Kanalisa-tionsausgang in der Prostastraße auf, nahmen die Ent-kommenen auf und fuhren in die Wälder.

Das Ghetto war nahezu ausgebrannt. Rauchschwaden und beißender Brandgeruch hingen über Warschaus Straßen. Die nächste Phase hatte begonnen…

Nein, das stimmt nicht ganz. Noch hatte sie nicht be-gonnen. Der nächste Tag und die folgenden Tage sollten noch dahingehen.

Abrasza Blum ging nicht mit in die Wälder. Er war äl-ter als die anderen und nicht besonders gesund. Er blieb in Warschau.

Er «gehörte» zu Władka, einem unserer Mädchen, und ich meine, sie hatte ihm wohl ein Zimmer in der Baroko-wastraße besorgt. Vielleicht hatten wir es aber auch ge-meinsam für ihn ausfindig gemacht. Ich weiß es nicht.

Tags darauf sagte mir Władka, Abrasza wolle mich se-hen. Auch ich wollte ihn gern sehen, hatte mir dies aber nicht einzugestehen gewagt, denn irgendeinen Besuch zu machen, der nicht unbedingt nötig war, verstieß gegen un-sere Regeln. Doch ich ging zu ihm, weil er darum gebeten hatte.

Er war voller Freude. Nicht unbedingt fröhlich, aber froh. Wie ein Mensch, der aus einem düsteren Alptraum ins Sonnenlicht getreten ist.

Wir unterhielten uns ein wenig. Eine Plauderei über

nichts Besonderes. Und ganz zum Schluß gestand er mir, warum er mich hatte sehen wollen. Es war, als schämte er sich für diesen kindlichen Wunsch, den er auch Władka nicht hatte verraten wollen.

Er träumte von Kuchen. Richtigem Kuchen aus einer Patisserie. Ich verließ ihn mit großer Erleichterung. Zum erstenmal seit Monaten lächelte ich. Lächelte ich wirklich. Es war, als hätte die Sonne auch für mich ein bißchen zu scheinen begonnen. Diejenigen, die mir am nächsten standen, waren am Leben geblieben, und ich glaubte, in den Wäldern seien sie sicher. Und diese Unterhaltung, sie war so «normal».

Am nächsten Tag dachte ich den ganzen Vormittag über unsere Begegnung nach. Wir hatten vereinbart, uns um zwei Uhr nachmittags zu treffen, doch schon ab zwölf Uhr streifte ich an den Patisserien entlang und hielt nach Kuchen Ausschau, die Abrasza in Aussehen und Geschmack an Kuchen aus dem Warschau der Vorkriegszeit erinnern könnten. Und mit einer kleinen, bunt verschnürten Kuchenschachtel fand ich mich pünktlich um zwei Uhr in der Barokowastraße ein.

Aber es war bereits geschehen.

Früher an diesem Morgen hatte der Hausmeister die Türen von Abraszas Zimmer verschlossen und war zur Gestapo gegangen. Abrasza sprang aus dem Fenster. Aus dem dritten Stock. Doch er starb nicht sofort. Er brach sich die Beine. Und so schleppten sie ihn fort.

Was mich daran hinderte, die Treppe hinaufzusteigen und in die Falle zu tappen, weiß ich nicht. Ich erinnere mich nicht. Ich weiß nur noch, daß ich mit dieser überflüssigen Schachtel, die mir am Finger baumelte, nach Hause ging und nur einen einzigen Gedanken hatte: «Du darfst nicht weinen, du darfst nicht.» So grinste ich abermals fremde Menschen an und schnitt eine Grimasse, die offenbar wie ein echtes Lächeln wirkte… Und so ging es immer weiter – mein ureigenes, ganz persönliches Campo-dei-Fiori-Erlebnis. Und da war noch etwas anderes: Haß. Ein furchtbarer Haß gegen Mörder und Denunzianten, größer als meine Verzweiflung.

Schließlich kam ich ohne die Kuchenschachtel in der

Miodowastraße 24 an. Ich hatte sie irgendwo unterwegs verloren. Doch selbst als ich mein Zimmer betreten und die Tür hinter mir geschlossen hatte, war ich zum Weinen unfähig.

Ich weiß nicht mehr alle Einzelheiten – ich kann mich nicht mehr an alles erinnern, ich wußte damals auch nicht alles. Deshalb kann und will ich niemanden namentlich anklagen. Doch so viel weiß ich, daß es, abgesehen von den AL-Partisanen, in den Wäldern noch andere Gruppen gab, die gegen die Deutschen kämpften, so die Nationalen Bewaffneten Streitkräfte NSŻ, die vom radikal nationalistischen ONR* getragen wurden. Sie gehörten zum äußersten rechten Flügel der Nationaldemokratischen Partei, die vor dem Krieg mit dem Faschismus geliebäugelt und antisemitische Tendenzen an den Tag gelegt hatte. Wenn also in den Wäldern jüdische Partisanen bei Gefechten mit Nichtdeutschen umkamen, konnte man leicht schließen, um wen es sich bei diesen gehandelt hatte. Um der Sicherheit willen – natürlich nur einer relativen Sicherheit – war eine Art «Geleitbrief» erforderlich, eine Bescheinigung des Oberkommandos, daß die ŻOB Teil der AK** war.

Damals war ich genauestens in diese Dinge eingeweiht, weil ich an Anteks Stelle die Verbindung mit Henryk Woliński hielt, dem Leiter des jüdischen Referats in der Heimatarmee. Er hatte eine Jüdin zur Frau, die bildschöne Pani Kruk («Frau Rabe»), die wir ihrer tiefschwarzen Haare wegen so nannten. Sie wohnten in ihrer Vorkriegswohnung in der Niepodległościallee. «Frau Rabe» verließ nie das Haus; damals litt sie an schweren Depressionen, so daß jeglicher Besuch sie in Panik versetzte. Vor mir allerdings hatte sie keine Angst, denn wir kannten uns schon von früher über Tosia Goliborska-Gołąbowa, und sie fühlte sich auch sicherer, weil ich eine Frau war.

* ONR. Oboz Narodowo Radykalny («Radikales Nationalistisches Lager»), nationalistische Rechtspartei.
** AK. Die Armia Krajowa («Heimatarmee») verdankte ihre enge Anbindung an die polnische Exilregierung deren Bevollmächtigtem (Delegatura) in Warschau.

Zu Henryks Haus mußte ich mehrmals gehen, um den «Geleitbrief» des AK-Oberkommandos abzuholen, der den Kämpfern in den Wäldern eine gewisse Sicherheit bringen sollte.

Henryk war ganz außer sich, weil er in dieser Sache so wenig tun konnte. Ich war davon so betroffen, daß ich manchmal versuchte, ihn aufzuheitern.

Doch schließlich mußten wir einige unserer Leute aus den Wäldern abziehen. Manche wurden in einen anderen Bereich verlegt, manche zurück nach Warschau gebracht.

Irgendwann tat sich Celina mit Antek zusammen. Władek (Welwł Rozowski) und Marek zogen gemeinsam in eine Wohnung.

Es ist wie ein Alptraum, der regelmäßig wiederkehrt.

Ich gehe eine Warschauer Straße entlang – es ist eine bestimmte Straße. Die Śnieżnastraße? Ich glaube, ja. Ich sehe den Eingang des Gebäudes, in das ich gehen soll, und um die Ecke biegt ein Motorrad mit deutschen Soldaten. Ich weiß es. Ich weiß mit absoluter Sicherheit, daß sie das gleiche Ziel haben wie ich und daß nun alles von mir abhängt. Werde ich vor ihnen dasein? Ich renne, doch meine Beine sind gelähmt, und ich kann mich nicht bewegen. Ich renne, doch ich komme nicht vom Fleck. Und sie kommen näher und näher. Ich fröstle… Es ist einer jener Träume, nach denen ich Herzschmerzen habe.

Selbst nach all den vielen Jahren sind wir nie über die Ereignisse dieses Tages hinweggekommen. Nie habe ich Marek gefragt, was er in den Stunden, den Tagen fühlte, als er allein in jener Wohnung saß, die an die Deutschen verraten worden war, und wartete – auf die Erpresser oder die Gestapo. Und vorher wartete er auf Welwł, der ausgegangen war, um etwas Geld zu beschaffen.

Einige Erpresser waren in die Wohnung gekommen, wo Marek und Welwł sich versteckt hatten. Sie verlangten Geld. Viel Geld. Mehr Geld, als die beiden hatten.

Ich weiß nicht, wie sie die Erpresser überredeten, sich vorläufig mit dem Geld zu begnügen, das sie hatten, und später wiederzukommen, um sich den Rest zu holen. Wir haben nie darüber gesprochen. Welwł, der etwas «besser» aussah als Marek, verließ das Haus, um das Geld aufzutreiben. Er kam nie zurück.

Ja, irgend jemand war für diesen Tod verantwortlich. Jemand, den die Angst gepackt hatte, jemand, der sich fürchtete, einen jungen Mann, der «schlecht aussah», für die paar Stunden, die erforderlich waren, um das Geld zu organisieren, in seiner völlig sicheren Wohnung zu wissen. Jemand, der ihm die Anweisung gab, hinaus auf die Straße zu gehen und erst in einigen Stunden zurückzukommen. Am Abend. Doch am Abend kam Welwł nicht zurück.

Sie ergriffen ihn irgendwo unterwegs und erschossen ihn.

Doch es war nicht nur der Wohnungsinhaber, der Angst hatte. Auch ich hatte Angst. Am nächsten Morgen kam Marysia aus der Senatorskastraße zu mir. Sie sah ganz bleich aus. «Włodek ist umgebracht worden», sagte sie, «aber Marek ist noch dort.» (Włodek war Welwłs Deckname, und selbst unter uns benutzten wir diese neuen Vornamen.) Ich stand auf und griff nach meiner Handtasche, als wollte ich gehen. «Du kannst nicht dorthin gehen», sagte Marysia, die stets Vernünftige, praktisch Denkende. «Du könntest in eine Falle geraten. Und vielleicht ist er gar nicht mehr dort.»

Ich fröstelte vor Angst. Ich setzte mich wieder und hörte, was ihr gesunder Menschenverstand mir zu sagen hatte.

«Ich gehe jetzt zu Janina», sagte Marysia, als sie mich verließ. «Ich schicke sie dorthin.» Zusammengekrümmt saß ich auf dem Sofa; ich hatte einen Pullover an. Noch immer fröstelte ich.

Marysia kam zurück. Sie sagte: «Janina ist schon gegangen.» So warteten wir, und ich fröstelte noch immer. Schließlich konnte Marysia es nicht länger aushalten und schrie mich an: «Hör doch endlich auf zu zittern, verdammt noch mal!»

Janina kam wieder, vielleicht nach einer, vielleicht nach zwei Stunden; ich weiß es nicht mehr. Es erschien mir so lange wie ein ganzes Leben.

Wie sie erklärte, war «soweit» alles in Ordnung. Ich hörte auf zu zittern. Ich stand auf und ging hinaus. Erst jetzt. Marek wartete dort auf mich. Inzwischen rannte Marysia los, um das neue Versteck vorzubereiten, in das ich ihn führen sollte. Ich erinnere mich heute nicht mehr, wohin wir gingen.

Ich weiß nur noch, daß wir untergehakt gingen wie ein Liebespaar. Und ich glaube, daß wir kein Wort miteinander sprachen. Worüber hätten wir auch sprechen sollen? Ich fragte ihn, ob er eine Schußwaffe bei sich habe, und dann hatte ich keine Furcht mehr. Denn Furcht hat stets mit Wehrlosigkeit zu tun.

Nach Włodeks sinnlosem Tod war der Haß wieder größer als die Trauer. Wir hatten zu lächeln und mußten einander in die Augen schauen.

Dies war das Ende des Ghettoaufstands und der Anfang des Alltags. Des Alltags einer Kurierfrau im Dienst der ŻOB.

In der Miodowastraße.

In Rom auf dem Campo di Fiori
Körbe Oliven, Zitronen,
Wein fließt über das Pflaster
Zwischen den Blumenresten.
Rosige Früchte des Meeres
Schütten die Händler auf Tische,
Bündel von dunklen Trauben
Fallen auf Pfirsichdaunen.

Auf diesem selben Marktplatz
Verbrannte Giordano Bruno,
Das Feuer, geschürt vom Henker,
Wärmte die Neugier der Gaffer.
Und kaum war die Flamme erloschen,
Füllten sich gleich die Tavernen,
Körbe Oliven, Zitronen
Trugen die Händler auf Köpfen.

Ich dachte an Campo di Fiori
In Warschau an einem Abend
Im Frühling von Karussellen
Bei Klängen lustiger Lieder.
Der Schlager dämpfte die Salven
Hinter der Mauer des Ghettos
Und Paare flogen nach oben
Hinauf in den heiteren Himmel.

Der Wind trieb zuweilen schwarze
Drachen von brennenden Häusern,

Die Schaukelnden fingen die Flocken
Im Fluge aus ihren Gondeln.

Der Wind von den brennenden Häusern
Blies in die Kleider der Mädchen,
Die fröhliche Menge lachte
Am schönen Warschauer Sonntag.

Vielleicht wird jemand hier folgern,
Das Volk von Rom oder Warschau
Handele, lache und liebe
Vorbei an den Scheiterhaufen;
Ein andrer vielleicht die Kunde
Von der Vergänglichkeit dessen
Empfangen, was schon vergessen,
Bevor die Flamme verglüht war.

Ich aber dachte damals
an das Alleinsein der Opfer.
Daran, daß, als Giordano
Den Scheiterhaufen bestiegen,
Er keine einzige Silbe,
Menschliche Silbe gefunden,
Von jener Menschheit, die weiter
Lebte, Abschied zu nehmen.

Schon liefen sie, Wein zu trinken,
Seesterne zu verkaufen,
Körbe Oliven, Zitronen
Mit lustigem Lärmen zu tragen.
Und schon war er ihnen so fern,
Als wären Jahrzehnte vergangen,
Als hätten sie niemals gewartet
Auf seinen Abflug im Feuer.

Auch diese Opfer sind einsam,
Sie sind von der Welt vergessen,
Und fremd ist uns ihre Sprache,
Als käm sie vom andern Planeten.
Bis alles dann zur Legende
Erkaltet und später nach Jahren
Auf neuem Campo di Fiori
Ein Dichterwort aufruft zum Aufruhr.

Warschau 1943*

* Aus dem Polnischen übertragen von Karl Dedecius
(Abdruck mit freundlicher Genehmigung des Suhrkamp Verlages, Frankfurt a. M.)

11. Kapitel
Miodowastraße 24

Im Frühjahr 1943 mieteten wir ein Zimmer in der Miodowastraße 24.

Es war ein großer heller, zitronengelb getünchter Raum. In der Ecke am Fenster war ein großes Bett aus Brettern mit Papiermatratzen. Auf dem Bett lagen zwei Kopfkissen und eine Eiderdaunendecke vom Flohmarkt, bezogen mit feinem Leinen und bedeckt mit einer papiernen Tagesdecke, wie es sie im Krieg zu kaufen gab. Die Wand über dem Bett zierte ein ebenfalls papierner «Wandbehang», über dem ein Bild Unserer Lieben Frau von Tschenstochau prangte. Unmittelbar darunter, auf dem «Wandbehang», hing das kleine Bild, das ich aus unserem Haus gerettet hatte. Es hatte auch in dem Zimmer in der Dzielnastraße gehangen, wo ich die ersten Tage mit Hela verbracht hatte; deshalb war es mir nicht mit all den anderen Habseligkeiten in der Wohnung über dem Café am anderen Ende der Miodowastraße abhanden gekommen.

Unter dem Bett verwahrten wir eine zweite Garnitur Matratzen für den Fall, daß irgendwelche Gäste bei uns übernachten mußten.

In der Ecke gegenüber, auch in Fensternähe, stand ein Schreibpult, ein äußerst nützliches altes Möbelstück aus Pociejów*. Am Fußende des Bettes stand ein schmaler Kleiderschrank – wir hatten nicht viele Kleider und auch nicht viel Wäsche; deshalb brauchten wir keinen größeren Schrank.

In der Mitte des Zimmers stand ein quadratisches Tischchen, auf das eine große, runde Tischplatte gelegt war.

---

*Pociejów. Ein vom Markt umgebener Gutsbesitz der Familie Pociej. Das Wort wurde zum Synonym für billige und schäbige Ware. Daher «Möbel aus Pociejów».

Zwischen beiden Tischplatten hielten wir unsere sämtlichen Papiere versteckt. Für unser Geld hatten wir ein anderes, raffiniert ausgeklügeltes Versteck unter dem Bodenbrett des Kleiderschranks. Um den Tisch standen vier einfache Stühle, in der Ecke hinter dem Vorhang eine Schüssel und zwei Eimer (der Wasserhahn war im Korridor); außerdem gab es einen kleinen Elektrokocher mit zwei Platten. Über dem Kocher befand sich ein Brett für Töpfe und Pfannen; die Bratpfanne stand auf dem Hocker. All diese Dinge stammten aus Pociejów.

Das Gebäude steht noch heute. Jetzt beherbergt es die Theaterschule. Bis heute gibt es auch unser Zimmer, doch der Hauseingang ist nunmehr in der Miodowastraße 22. Vor einigen Jahren war ich einmal dort. War es wegen der vergangenen Zeiten? Wahrscheinlich. Es war ein wundervoller Ort. Vor dem Krieg hatte in dem Haus das Oberste Verwaltungsgericht seinen Sitz. Später waren die hofseitigen Räume der Richter in abgeschlossene Kleinwohnungen mit Gemeinschaftstoilette und Wasserhahn auf dem Flur verwandelt worden.

Doch das Wohnen in diesem Haus brachte noch größere Vorteile. Vorn, zur Straße hin, befanden sich mehrere Büros von Gas- und Elektrizitätsgesellschaften sowie anderen Firmen, in denen sich Hunderte von Kunden drängten. Es war ein idealer Ort für Kontaktaufnahmen; sobald wir merkten, daß wir dieses Zimmer mieten könnten, suchten wir sofort um eine entsprechende Genehmigung nach, trieben das Geld auf und zahlten.

Durch welches Wunder dieses sichere Haus bis zum Warschauer Aufstand unversehrt blieb, weiß ich nicht. Aber es blieb stehen.

Ich wohnte hier während des ganzen Jahres 1943 bis Mitte 1944 mit Marysia, und wir waren auch beide dort gemeldet. Viele wußten, daß man in diesem Haus eine letzte Zuflucht fand, wenn Gefahr drohte. Jeden Tag fanden dort Einsatzbesprechungen statt, Freunde kamen, um Geld oder Zeitungen zu holen, Papiere zu bringen, bisweilen aber auch ohne einen bestimmten Grund, nur um zu reden, um eine Weile zu schwatzen, vielleicht eine Stunde lang, um sich in dieser riesigen Stadt, die für uns kaum mehr Platz hatte, wie ein Mensch zu fühlen. Oft kam irgend jemand, dessen Wohnung verraten worden war, zu uns, um bei uns zu übernachten, dann zogen wir unter dem Bett, in dem wir beide schliefen, unsere Gastmatratze hervor. Das Zimmer befand sich im ersten Stock, und unter dem Fenster gab es einen Holzverschlag für die Mülleimer, so daß wir relativ sicher aus dem Fenster springen konnten, wenn Gefahr drohte.

Da unsere häufigen Besucher, besonders die Männer, unsere Nachbarn neugierig machen mußten, gaben wir öfter laute Partys. Es ging dabei lustig und feucht zu. Wir hatten einen Plattenspieler und ein paar Platten und machten eine Menge Lärm, wenn wir in die Halle hinaustraten, um Teewasser zu holen. Kurz – wir waren Mädchen, die ihren Spaß hatten.

Manchmal fanden dort Treffen «auf hoher Ebene» statt. Bei diesen Gelegenheiten spielte jeweils eine von uns die Gastgeberin, die «Gäste» brachten Blumen, während in einem Café auf der anderen Straßenseite ein Sicherheitsposten Ausschau hielt. Und dann die Weihnachts- und Silvesterabende! Es kamen alle, die sich in der Stadt bewegen konnten, sogar manche von denen, die normalerweise lieber zu Hause blieben. Augenblicke der Erleichterung. Hier trafen sich die Einsamen, bei denen die durch das Eingeschlossensein hervorgerufenen Krankheiten zu Depressionen führten. Hier trafen sich die Freunde. Augenblicke des Lichts in diesem Alptraum ohne Ende.

So sehe ich in meiner Erinnerung dieses Zimmer in der Miodowastraße. Doch inzwischen sind fünfundvierzig Jahre vergangen. War vielleicht alles doch ganz anders? Ja, viele Jahre sind vergangen, vieles ist mir entfallen, und ich erinnere mich nicht mehr an die richtige Reihenfolge der Dinge. Deshalb ist alles, was ich aufschreibe, auch so chaotisch… Das alles ereignete sich. Aber wann? Ich kann mich wirklich nicht erinnern. Ich weiß nur noch, daß sich das alles in der Zeit vor dem Warschauer Aufstand ereignete. Es muß also innerhalb eines Jahres geschehen sein – vielleicht war es auch etwas mehr als ein Jahr. Jedenfalls fand danach der Warschauer Aufstand statt, und es gab den Verbandsplatz im Keller des Hauses in der Miodowastraße, die Flucht durch die Kanalisation zum Śródmieście, zum Stadtzentrum, und schließlich unsere Flucht aus Warschau.

Doch das ist eine andere Geschichte, auf die ich später zurückkommen werde.

Damals befanden wir uns in der Miodowastraße 24.

Meine gesamte Vergangenheit ist wie ein dicht aufgerollter Film, verborgen in einem Schubfach in der Dunkelheit meiner Erinnerung. Nur wenn man zufällig an diese Filmspule rührt, spult sich der ganze Film ab und zeigt einzelne Bilder. Einige von ihnen sind verblaßt, andere ganz verschwunden. Doch es gibt sie noch. Manchmal scheint es mir, als spielte sich alles erst heute ab, als lebten wir noch immer in jener Zeit. Das ist der Grund, weshalb ich nicht wie andere leben konnte. Leben wie jene, die in die weite Welt hinausgingen und alles von Anfang an begannen. Sie wissen, wie man es genießt, ein Auto zu haben, eine Wohnung, die Annehmlichkeiten des täglichen Lebens. Oder wie man sich einfach des Lebens freut. Es spielt keine Rolle, jedenfalls nicht jetzt. Was für meine Geschichte zählt, ist das, was damals geschah. Wie ein normaler Tag aussah.

Der Alltag einer jungen Frau, die Kurierdienste leistete.

Ein nebliger Herbsttag. Oktober? November? Jedenfalls Herbst 1943. Wir wohnten nicht mehr in Międzylesie.

Ich wache auf. Es ist unfreundlich. Ich habe das scheußliche Gefühl, daß etwas Unangenehmes geschehen wird. Marysia ist schon aufgestanden. Sie hat Teewasser aufgesetzt. In unserem Haushalt ist Marysia die Vernünftige, die Häusliche, die Fürsorgliche. Ich komme mit den vielen kleinen Alltagsdingen nicht gut zurecht.

«Steh auf! Du mußt früh aus dem Haus!» sagt Marysia zu mir.

Nun weiß ich's. Es ist Monatsanfang, und ich muß zur Senatorskastraße, um dort das Geld zu holen. Eine Million Złoty. Eine enorme Summe, aber vor allem ein enormes Paket von Geldscheinen. Eintausend Tausendzłotyscheine oder zweitausend Fünfhundertzłotyscheine. Dementsprechend ziehe ich zwei Schichten Kleidung über. Unter dem Hüftgürtel einen Schlüpfer mit Gummizug um die Oberschenkel, einen zweiten Schlüpfer darüber. Ferner zwei Blusen, die untere mit einem breiten Gürtel eng in die Taille gezogen.

Außerdem nehme ich eine Einkaufstasche mit doppeltem Boden. Viele Mädchen in Warschau hatten solche Taschen. Taschen dieser Art wurden von der Widerstandsbewegung benutzt, Kuriermädchentaschen. Die Leute auf der Straße kannten diese Taschen, aber die Deutschen schienen nichts zu begreifen. Die Taschen waren gefährlich, wenn man in eine Razzia geriet, doch wenn man mich mit so viel Geld ertappt hätte, wäre es ohnehin gleichgültig gewesen.

So gekleidet ging ich zur Senatorskastraße. Das Geld war schon da, und mein «Boß» versuchte, mich zur Eile anzutreiben. Er wollte, daß ich mit meiner Last die Wohnung so rasch wie möglich verließe. Ich war in Eile. Plötzlich merkte ich, daß ich all diese Geldscheinpäckchen in meiner Unterwäsche verstaute, von der Bluse bis hinab zu den Schlüpfern, während er dabeistand und zusah, und keinem von uns beiden machte es etwas aus, weder ihm noch mir. Als wäre er kein Mann, und ich – als wäre ich nie eine Frau gewesen.

Schließlich ging ich. Es war Schmuddelwetter. Unterwegs kaufte ich bei einem Bäcker etwas, um es in die Einkaufstasche zu tun.

Als ich die Stufen zu dem kleinen Laden in der Miodowastraße hinaufstieg, glitt ich auf dem nassen, schlüpfrigen Stein aus und fiel auf die Knie. Einige Augenblicke kniete ich in der schlammigen Nässe, geschüttelt von Furcht. Ich hatte Angst, eines der Geldpakete könnte herausgeglitten sein. Ich stand auf, als wäre ich aus Glas. Doch alles war in Ordnung. Ich kam zu Hause an. Der bequemste Platz, um das Geld zu sortieren, war unser Bett. Deshalb zog ich die Kleider aus, warf mir das Nachthemd über die Unterwäsche, rollte die Daunendecke ans Fußende des Bettes und legte die Banknotenpäckchen rings um mich. Wenn jemand unerwartet ins Zimmer trat, konnte ich rasch die Daunendecke überziehen und behaupten, ich liege an diesem trostlosen Herbstmorgen noch im Bett, weil ich mir eine Erkältung geholt hätte.

So saß ich mitten in dieser stattlichen Menge Geldes, zählte die Scheine und verteilte sie auf Stapel.

Für Władka…

Für Celek…

Für Krysia…

Für…

Und den größten Stapel – für Marysia und mich.

Jeder Stapel enthielt den einzigen Lebensunterhalt für fünfzig bis hundert Menschen, die von dem Geld einen Monat leben mußten. Für mich aber waren diese Stapel von Geld, das anderen gehörte, nichts weiter als Stapel von Papier. Zudem Stapel von gefährlichem Papier. Wahrscheinlich begann ich damals Geld zu hassen oder vielleicht nicht es zu hassen, sondern seine Wertschätzung aufzugeben. Ein für allemal. Wir mußten diese Papierstücke so rasch wie möglich loswerden, denn sie konnten uns das Leben kosten.

Selbst heute noch bin ich unfähig, Geld festzuhalten oder es wertzuschätzen. Doch heute ist das gleichgültig.

Marysia und ich warteten auf «unsere Leute». Diesmal blieb sie auf Horchposten zu Hause, während ich ein paar Einkäufe erledigte. An Tagen, an denen wir Geld ausgaben oder etwas zu diskutieren hatten, bereiteten wir für alle das Essen. Die Leute mußten etwas zu essen bekommen, und dies möglichst nicht in einem Restaurant. An diesem Tag hatte ich Küchendienst.

Ich kaufte ein Stück Pferdelende und ein paar Kartoffeln. Gebratene Pferdelende war eines der wenigen Gerichte, auf deren Zubereitung ich mich verstand, denn ich hatte ja nie kochen gelernt. Ich habe auch kein Talent dazu, aber es bedeutete mir etwas. Ich tat wirklich mein Bestes. Deshalb war ich auch schwer beleidigt, als Celek an jenem Tag beim Essen witzelte, ich kochte wie eine Ärztin, genau nach Vorschrift, und das Ergebnis schmecke auch genau nach Vorschrift. Ich glaube, es war das einzige Mal, daß ich fast mit ihm gestritten hätte.

«Such dir eine bessere Köchin oder geh ins Gasthaus», raunzte ich ihn an. Kein Wunder – ich war übernervös, alles schien mir böse und feindlich. Es war einfach infolge der Angst – und die beherrschte mich nicht nur an diesem

Nachmittag, sondern auch noch die nächsten Tage, bis all das Geld seine Adressaten erreicht hatte.

Nach dem Essen gingen wir einzeln aus dem Haus, in Abständen von einigen Minuten. Ich ging zuletzt.

Zuerst begab ich mich nach Praga. In der Targowastraße wohnte eine Familie, nur zwei Personen, Mutter und Tochter. Sie wohnten dort bei einer Arbeiterfamilie und behaupteten, deren aus Deutschland vertriebene Verwandte zu sein. Die Mutter arbeitete irgendwo, ich glaube, als Dienstmädchen. Die Tochter war vierzehn oder fünfzehn Jahre alt. Ihr Vater hatte anderswo Unterkunft gefunden.

Das Mädchen war blaß und bedrückt. Es flatterte unruhig umher, als wollte es mir etwas sagen.

«Was ist los, Mirka?» Sie errötete, vielleicht aus Mangel an Selbstvertrauen. «Los, sag's mir, ich hab's eilig!»

«Ich hätte gern etwas zu lesen», stammelte sie schließlich. «Hier gibt es nichts.»

Ich wußte nicht, was ich sagen sollte. Ich durfte nicht zu oft zu den geheimen Adressen gehen, denn das konnte gefährlich werden für diejenigen, die sich dort verbargen. Ich konnte ihr die Bitte aber auch nicht abschlagen. Sie war ein intelligentes Mädchen. Bücher waren für sie ebenso wichtig wie das tägliche Brot.

«Ich bringe dir welche, ganz bestimmt.»

Ich schaffte es, Wort zu halten. Wiederholt brachte ich ihr einige Bücher, die ich in einem Antiquariat erstanden hatte.

Aus einem bestimmten Grund mußten wir sie von ihrer Mutter trennen. Sie mußten ihre Wohnung wechseln, denn die Nachbarn hatten Verdacht zu schöpfen begonnen, und ich verlor die unmittelbare Verbindung zu ihr. Marysia pflegte sie zu besuchen, aber ich entsinne mich nicht, ob sie irgend etwas von Büchern für Mirka erwähnte.

In einer Wohnung nach der anderen sah ich dasselbe: bleiche Gesichter, traurige Augen, Hände, die sich nach den paar Złoty streckten, eine Unterschrift auf einem Kärtchen, und schon war ich wieder unterwegs. Dann weitere Treffen auf der Straße. Bei Einbruch der Dunkelheit eine Banknote, die heimlich in einem Hauseingang ihren

Besitzer wechselte. Ein Rezept, das man sich bei einem Händedruck überreichte. Schnell, schnell. Bald würde Sperrstunde sein. Es war mir gelungen, die Tagesleistung zu erbringen, und ich fuhr mit der Straßenbahn nach Hause.

Manchmal merkte ich dann zu Hause, daß ich jemandem zuviel Geld gegeben hatte. Zwei Banknoten hatten aneinandergeklebt. Ich wußte auch nicht mehr, bei wem das passiert war. Natürlich mußte ich den Verlust aus der eigenen Tasche ersetzen. Glücklicherweise kam das nur ganz selten vor.

Als ich nach einem solchen Tagesgang nach Hause kam, war Marysia noch nicht da. Ich machte mir Sorgen um sie. Aber ich deckte den Tisch. Zwei Teller, Brot, etwas Belag, zwei Gläser und eine Flasche Wodka.

Unmittelbar vor der Sperrstunde kam Marysia hereingestürzt. Leichenblaß.

«Was ist passiert?»

«Ich bin fast bei einer Razzia erwischt worden. Mit dem Geld.»

Kein Kommentar. Nur Wodka. Nur für uns beide. Wenn wir beide allein waren, tranken wir lediglich ein paar Gläschen. Nur wenn einer der Jungen kam, um nachts bei uns zu bleiben, tranken wir weiter, bis wir völlig betrunken waren.

An diesem Tag aber waren wir allein, und am nächsten Morgen mußten wir nüchtern sein. Denn am Morgen hatten wir auf Tour zu gehen und Geld zu verteilen.

So ging es Monat für Monat. Jedesmal vergingen die ersten zwei, drei, manchmal sogar vier Tage des Monats auf diese Weise.

Kurz vor dem Warschauer Aufstand, als die Leute bereits wußten, daß etwas im Gang war, verteilten wir auch Lebensmittel in Konservendosen sowie Kerzen. Ich schaffte es nicht, das alles loszuwerden. Schließlich blieben mir noch 50 000 Złoty, ein paar Dosen und einige Kerzen. Die Kerzen und die Dosen erwiesen sich während des Aufstands an unserem Verbandsplatz als äußerst nützlich, doch das Geld ließ ich in der Altstadt.

Was war an diesem einen Tag so bemerkenswert? Ich

weiß es nicht. Vielleicht war es der Sturz auf der Straße, vielleicht der alberne Streit mit Celek.

Dieser Tag war nicht der schwerste, nicht einmal einer der schwersten. Er war normal. Es war ein Tag wie alle anderen. Wir hatten nicht nur Geld zu verteilen, sondern auch sonst eine Menge zu tun. Wir mußten Leute besuchen und Dinge für sie erledigen, wir mußten zu unseren eigenen Familien gehen, damit sie sich nicht isoliert fühlten, oder wir mußten Menschen helfen, die in der Klemme waren. Ständig hatten wir Probleme mit der Beschaffung von Wohnungen und Papieren. Hin und wieder wurde jemand verraten oder, wie wir es nannten, «verbrannt»; dann mußten wir sie in neue Wohnungen bringen. So blieb uns nicht viel Zeit, um über das nachzudenken, was sich ereignete, oder es in der Erinnerung festzuhalten.

Sehr wenig Zeit blieb für unsere «Privatangelegenheiten». Diese gingen trotz allem weiter. Schließlich waren wir noch jung. Marysia war der großen Liebe ihres Lebens begegnet. Zygmunt war ein bekannter Warschauer Rechtsanwalt, der nun als Schlosser arbeitete und bei einer schrecklichen alten Frau am Krakowskie Przedmieście wohnte. Einmal kam er ganz außer sich zu uns und erzählte uns, seine Wirtin habe Angst gehabt, mit der Wäsche auf den Dachboden zu gehen, und ihn um Hilfe gebeten.

«Vielleicht ist der Boden verhext von dieser Jüdin. Denn am Anfang hatten wir sie im Speicher versteckt, aber als es dann hieß, daß darauf die Todesstrafe steht, haben wir sie auffliegen lassen.»

Meine «Privatangelegenheit» – Stefan – war im Keller eines Gemüseladens in Mokotów versteckt. Dort gab es einen Wasseranschluß, und die Ladenbesitzerin verwahrte in dem Raum ihre Gemüsevorräte. Jeden Tag ging sie zu Stefan, angeblich um Ware zu holen; dann brachte sie ihm Nahrung und trug seinen Eimer hinaus. Solange sie im Keller war, konnte er auf Strümpfen umhergehen, doch den ganzen Rest des Tages mußte er im Bett verbringen. Jeden zweiten Tag ging ich mit der Frau hinunter zu ihm, als wollte ich Gemüse kaufen, und wir flüsterten miteinander, während sie laut zu mir sprach. Zuerst war Stefan voller Hoffnung, doch eines Tages sagte er, er könne diese Art zu leben nicht mehr lange ertragen, und als sich ihm die Chance bot, über das Hotel Polen zu entkommen, beschloß er zu gehen.

«So oder so...», sagte er. Ich konnte ihn nicht zum Bleiben überreden, und ich konnte ihm auch nicht seinen Plan ausreden. Und so endete schließlich meine erste Liebe und meine erste Ehe. Aber das war erst später.

Inzwischen ging der Kreislauf weiter, bei dem immer wieder die gleichen Probleme anstanden. Von sieben Uhr früh bis zur Sperrstunde hieß es in der Stadt herumzujagen, stets auf der Straße, unentwegt von einem Treffen zum anderen hastend. Manchmal trafen wir uns in Cafés, wo wir lange bei Kaffee und Kuchen saßen. Dabei händigten wir Fotos für Kennkarten aus, nahmen Papiere oder Zeitungen entgegen, die wir dann an all unsere Adressen zu verteilen hatten. Dabei mußten wir Hunderte von Treppenhäusern und Stockwerken hinter uns bringen und durften nicht nach dem Weg fragen. Ich lernte all unsere Anlaufziele auswendig, damit ich schon wußte, um den wievielten Hof und um welches Treppenhaus es sich handelte, wenn mir jemand eine Adresse und die Nummer einer Wohnung gab. Dabei entwickelte ich eine Art von «sechstem Sinn» und irrte mich so gut wie nie. Es gab Zufälle, die an Wunder grenzten. Eines Tages betrat ich ein Treppenhaus, wo im dritten Stock jemand wohnte, den wir auf unseren Listen hatten, und auf dem ersten Treppenabsatz erblickte ich Frau A. S., eine Rechtsanwältin aus Krakau, mit zwei Erpressern. Diese inspizierten ihre Papiere und wollten sie nicht gehen lassen. Ich glaube, sie hatte nicht genügend Geld bei sich. Ich ging zweimal an ihr vorüber, so daß sie mich bemerken mußte. Ich war gespannt, ob sie die Geistesgegenwart besitzen würde, die beiden noch eine Weile hinzuhalten.

Das Gebäude lag unmittelbar neben dem Büro von Herrn Strójwas. Er war vor dem Krieg einer der Geschäftspartner meines Schwiegervaters gewesen. Ich glaube, er war ND-Mitglied, doch während des Kriegs verhielt er sich immer anständig, jedenfalls uns gegenüber. Stets hatte er einige Leibwächter bei sich, wofür, weiß ich nicht. Ich glaube, er war in Geschäfte mit den Deutschen verwickelt, weiß es aber nicht. Jedenfalls rannte ich zu ihm hin, und er schickte zwei seiner Männer, die rechtzeitig im Treppenhaus eintrafen, um die Erpresser zu verjagen.

Leider war dies noch nicht das Ende der Affäre, denn die beiden kannten nun die Anschrift der Rechtsanwältin, und sie mußte umziehen. Doch immerhin war ihr Leben gerettet.

Gelegentlich setzten wir uns auch mit Frechheit und Naivität durch, so wie ich in einem ganz besonderen Fall. Ich kam mit der Straßenbahn von Grochów her, wo ich in Stasias Wohnung gewesen war. Als ich am Schloßplatz aus der Bahn stieg und in die Miodowastraße einbog, hielt mich ein Volksdeutscher an und fragte: «Jüdin?» Zuerst tat ich, als hätte ich ihn nicht verstanden; dann aber ging ich aufs Ganze und schleppte ihn zu der Polizeistation in der Długastraße. Dort ging ich zum diensthabenden Polizisten und beschwerte mich; ich sagte, der Mann habe mich auf der Straße belästigt, und man möge seine Papiere überprüfen. Tatsächlich überprüften sie seine Papiere, aber selbstverständlich auch meine – doch ich besaß ja einen echten Ausweis.

«Was wollen Sie von dieser Dame? All ihre Papiere sind in Ordnung», sagte der Polizist zu dem Mann. Später fand ich heraus, daß dieser mir von der Wohnung in Grochów gefolgt war. Er war ein Freund des Vermietersohns. Sie hatten ihn auf mich angesetzt, weil er sich etwas Geld beschaffen wollte – nur sich etwas Geld beschaffen. Über meine Unverfrorenheit war er so verblüfft, daß er glaubte, er habe mich mit einer anderen Frau verwechselt. Doch wenn ich gewußt hätte, wer er war, hätte ich ihm vielleicht sogar Geld gegeben und dann veranlaßt, daß Stasia die Wohnung wechselte. Doch nun war das nicht nötig.

Eines Tages wurde Józef (Natek), einer unserer Mitkämpfer, verhaftet. Er war einer von «unseren Leuten». Wir werden nie erfahren, ob er alles verriet oder ob sie schon über alles Bescheid wußten. Sie gingen mit ihm zu all den vielen Adressen und verschleppten die Menschen, die dort Unterschlupf gefunden hatten. Viele wurden umgebracht. Auch unseren Unterschlupf in der Miodowastraße kannte Józef. Eigentlich hätten wir daher umziehen sollen, doch wußten wir einfach nicht, wohin. Wir konnten nirgendwo hingehen, ohne andere zu gefährden.

Also blieben wir, wo wir waren. Wir wachten eine ganze Nacht, warteten darauf, daß sie kämen, um uns abzuholen, und tranken einen Wodka nach dem anderen. Doch nichts geschah. Józef sprang aus einem Fenster im dritten Stock eines Hauses, als sie ihn zu einer anderen geheimen Wohnung führten. Damit wußten wir, daß er unsere Wohnung nicht verraten hatte.

So also war unser Alltag: Menschen, Probleme, unaufhörliches Herumhasten – und Angst. Schon damals hatten wir Angst. Jedes bekannte Gesicht war feindlich. Die ganze Stadt, meine Stadt, die Stadt, in der ich aufgewachsen war, war fremd, feindselig, und hinter jeder Ecke, um die ich bog, konnte der Tod lauern. Doch diese Angst war unterbewußt. Sie saß unter der Haut. Verborgen. Nur wegen dieser Angst tranken wir an den Abenden dermaßen viel Wodka. Sogar noch ganz zum Schluß, als Marysia in die Lesznostraße zog, trank ich allein weiter. Denn anders konnte ich dieses Leben nicht durchstehen.

12. Kapitel
Międzylesie

Im Sommer fuhren wir oft nach Międzylesie. Im Jahr 1943 war dies von April bis Oktober der Fall, doch 1944 kehrten wir am 29. Juli in größter Hast nach Warschau zurück, denn wir wollten pünktlich sein. Es war längst durchgesickert, daß sich irgend etwas ereignen würde. Der Aufstand. Wir wollten bei den Menschen in Warschau sein. Und wir waren dort, bis zum Ende, bis zum 11. Oktober.

Doch das ist eine andere Geschichte.

Für gewöhnlich fuhren wir abends nach Międzylesie und morgens um sieben Uhr von dort nach Warschau zurück. Unser Quartier in Międzylesie war jene Wohnung, die wir gemietet hatten, nachdem das Café in der Miodowastraße im April 1943 aufgeflogen war. Es war ein Zimmer mit Küche und geräumiger Veranda, groß genug, daß man dort schlafen konnte. Wir hatten einen separaten Eingang, mußten also nicht durch die Wohnung des Vermieters gehen. Das war für uns und unsere häufigen Besucher vorteilhaft. Man kam damals gern zu uns. Vor allem galt dies für unsere Familien. Auch Zosia und Joanna, zwei von unseren Mädchen, mit denen ich zusammen die letzten Wochen vor dem Warschauer Aufstand verbrachte, besuchten uns oft dort draußen, desgleichen, wie auch in der Miodowastraße, Celek, der offenbar immer wieder «abbrannte» und die Unterkunft wechseln mußte. Außerdem kamen Gelegenheitsgäste, die die Not zu uns trieb.

Eigentlich hätte die Adresse in Międzylesie geheim bleiben müssen. Sie blieb es aber nicht.

Deshalb hatten wir ein Erlebnis, das sich wie eine Episode aus einem albernen Abenteuerfilm ausnimmt.

Eines Morgens verließen wir das Haus, um, wie immer im letzten Augenblick, die Bahn zu erreichen, als in den

Büschen vor dem Haus eine ganze Familie auftauchte. Es waren fünf Personen – zwei Kinder, deren Eltern und die Großmutter. Sie hatten irgendeinen Unterschlupf in Warschau gefunden, wo sie von Erpressern bedroht wurden. Zwar gelang es ihnen, sich freizukaufen, doch hatten sie ihre Wohnung verlassen müssen.

Ich weiß nicht, wer ihnen unsere Adresse gegeben hatte. Jedenfalls waren sie mit der ersten Bahn gekommen. Weil sie aber Angst hatten, das Haus zu betreten, hatten sie im Gebüsch gewartet, bis wir auftauchten.

Wir waren in größter Eile, denn wir mußten nach Warschau.

Also führten wir die fünf ins Haus, gaben ihnen die Anweisung, sich bis zum Mittag ruhig zu verhalten, und schlossen die Türen ab.

Wir versprachen, um zwei Uhr zurück zu sein. Dann fuhren wir nach Warschau. Ich weiß nicht mehr, warum wir uns ausgerechnet an diesem Tag nur bis zur Mittagszeit dort aufhalten mußten, während wir sonst bis zum Abend blieben. Ich entsinne mich jedoch, daß wir uns beeilten und mittags auf dem Bahnhof in Warschau waren. Zuvor hatte es ein furchtbares Gewitter gegeben, und auf dem Bahnhof erfuhren wir, daß die Stromleitungen beschädigt worden waren und die elektrischen Züge nicht fuhren. Es hieß, man werde den Schaden rasch beheben, und in etwa einer Stunde würden die Züge wieder fahren.

Nachdem wir eine Stunde gewartet hatten, stellte es sich heraus, daß die Reparatur sehr viel mehr Zeit in Anspruch nehmen würde. Und zu Hause warteten diese Leute in unserer verschlossenen Wohnung! Was sollten wir tun? Wir beschlossen, zu Fuß zu gehen. Es waren ungefähr fünfzehn Kilometer von der Straßenbahn-Endstation aus. Keine sonderlich große Entfernung, aber als wir etwa anderthalb Kilometer zurückgelegt hatten, begann schon das nächste Gewitter. Ich glaube nicht, daß ich vorher oder nachher je ein dermaßen heftiges Unwetter erlebt habe. Es war stockdunkel; nur die unaufhörlichen Blitze erleuchteten unseren Weg. Immer wieder schlugen ringsumher Blitze ein. Wir gingen an der Bahnlinie entlang, neben der die Hochspannungsleitung verlief. Ein Blitz nach dem anderen schlug in die Strommasten. Der in Gießbächen herunterstürzende Regen nahm uns die Sicht. Das Schlimmste von allem aber war der Sturm, der uns entgegenblies und das Gehen erschwerte. Die Blitze warfen unsere Schatten vor uns auf den Weg, was eigenartig aussah, so, als wären wir in einem Film. Doch wir hatten wirkliche Angst, nicht wie im Kino. Als wir Wawer erreichten, trafen wir einige Streckenwärter in einer Hütte, die uns rieten, nicht weiterzugehen, weil es gefährlich sei. Doch wir mußten nach Hause, also marschierten wir weiter. Die Kleider klebten uns inzwischen am Leib wie Badeanzüge. Sie waren aus einem Material, das einlief, und sahen infolgedessen auch wie Badeanzüge aus. Ständig wischten wir uns mit den Händen übers Gesicht, doch es half nichts; was wir auch taten, das Regenwasser lief uns in die Augen und machte uns blind. Ein Blitz schlug ganz in der Nähe ein, und sämtliche Lichter in den Häusern längs der Bahnlinie gingen aus. Er hatte das Kraftwerk von Falenica getroffen. Nun wurde es vollständig finster, als wäre es Nacht. Doch wir tasteten uns entlang den Schienen weiter.

Endlich erreichten wir den Bahnhof von Międzylesie, und dort kam es zu einer bizarren Situation. Auf dem Bahnhof gab es einen kleinen Süßwarenkiosk, dessen Besitzerin wir gut kannten. Sie hatte eine Kerze angezündet. Wir klopften an die Tür. Wir wollten uns bei ihr nur ein wenig trocknen und etwas trinken. Die Frau öffnete die Tür, blickte uns entsetzt an, und rief: «Jesus Maria!» und schlug die Tür zu. Wir begriffen nicht, was geschehen war, und gingen weiter. Später sahen wir dann, daß die Farben unserer Kleider ausgelaufen waren und wir sie uns beim Abwischen in die Gesichter geschmiert hatten, so daß diese in allen Farben des Regenbogens prangten. Es muß reichlich makaber ausgesehen haben, und bei Kerzenlicht dürfte der Eindruck ein ziemlich blutrünstiger gewesen sein.

Schließlich kamen wir gegen acht Uhr abends zu Hause an. Mit Schrecken malten wir uns aus, was wir vorfinden würden. Wie sich herausstellte, hatten unsere Vermieter bemerkt, was geschehen war, hatten die Türen aufgeschlossen und sich um unsere «Gäste» gekümmert. Sie hatten ihnen zu essen gegeben und ihnen geholfen, die Kinder ins Bett zu bringen. Wir hörten von ihnen nicht ein einziges Wort des Vorwurfs. Es waren wirklich außergewöhnlich anständige Leute. Als ich nach der Befreiung wieder nach Międzylesie hinausfuhr in der Hoffnung, ihnen danken zu können, konnte ich sie leider nicht finden. Ich bekam nie heraus, was aus ihnen geworden ist.

Eines Tages bemerkte ich auf der Fahrt von Warschau nach Międzylesie etwas Verdächtiges. Es war Samstag, und wir kamen eher nach Hause als sonst, nämlich schon am frühen Nachmittag. Auf dem Bahnhof in Warschau fiel uns ein junger Mann auf, der uns beobachtete. Wir glaubten, ihn schon vorher auf dem Bahnhof in Międzylesie gesehen zu haben.

Er stieg in denselben Wagen wie wir, jedoch in ein anderes Abteil. Wir beschlossen, nicht auszusteigen. In Międzylesie warfen wir lediglich einen Blick aus dem Fenster. Der junge Mann stieg aus und sah sich um. Dann schaute er zu den Fenstern unseres Wagens, doch wir zogen uns rechtzeitig zurück. Der Zug fuhr weiter. Wir beschlossen, nach Świder zu fahren, um die Keilsons zu besuchen. In Świder blickten wir vorsichtig in die Runde und machten uns dann zunächst in einer vollkommen anderen Richtung davon. Doch wir konnten niemanden entdecken, der uns beschattete. Vielleicht hatten wir uns die ganze Sache auch nur eingebildet.

Die alten Keilsons besuchten wir recht häufig, denn wir sorgten uns um die beiden. Dola Keilson war in Otwock gestorben, und Hela saß im Pawiak-Gefängnis. Wir fanden es schrecklich, daß zwei alte Leute so ganz und gar allein sein mußten. Sie wohnten in einem freistehenden Haus. Als wir durch den Garten kamen, saß Frau Keilson auf der Veranda und strickte.

Sie drehte sich um und rief laut: «Alexander!» Wir erstarrten fast vor Schreck, doch noch größer wurde unsere Angst, als wir den alten Mann mit seiner durch das ganze Haus dröhnenden Baßstimme antworten hörten: «Wie oft habe ich dir schon gesagt: nicht Alexander, sondern Leon!»

Es überraschte uns nicht, daß wir eines Tages eine neue

Unterkunft für die beiden organisieren mußten. Zum Glück fanden wir eine – in Józefów. Wieder erzählten wir, sie seien unsere Großeltern. Auf dem Land draußen war es leichter als in Warschau, Quartiere für den Sommer zu finden.

Wir wohnten bis Ende Juli 1944 in Międzylesie; die letzten Monate waren Zosia und Joanna meine Wohngenossinnen (Marysia wohnte damals schon in der Lesznostraße.) Die beiden waren zu mir in die Miodowastraße gezogen, weil ihre Wohnung aus irgendwelchen Gründen unsicher geworden war.

Verraten wurde ich nur einmal, und zwar während der Monate, in denen ich mit Zosia und Joanna zusammenlebte. Die Erpresser müssen hervorragend informiert gewesen sein, denn uns half kein noch so dreistes Auftreten, und sie nahmen uns geradewegs zum Polizeirevier mit. Die Sache kostete uns 10 000 Złoty. Diese Summe trugen wir stets für den Fall bei uns, daß wir verraten würden. Jetzt war auch ich «abgebrannt», und ich konnte nicht mehr in die Lesznostraße gehen, wo sich, in Marysia Sawickas Wohnung versteckt, der gesamte ŻOB-Stab befand.

Einige Worte sollte ich noch über jene Wohnung in der Lesznostraße verlieren sowie über Marysia Sawicka, die bis heute eine unserer engsten Freundinnen ist. Nein, das ist nicht der richtige Ausdruck – Marysia, die vor dem Krieg die achthundert Meter im Skra-Stadion* lief, ist für mich Mutter, Schwester und Freundin zugleich.

Sie ist alt, älter als ich, und sie ist krank. Aber noch reist sie in der Welt umher, um die wenigen aus unserem Kreis zu besuchen, die noch am Leben sind. Vor nicht langer Zeit war sie in Israel. Sie weiß alles über jeden, und jüngst sagte sie mir, wir hielten sie dadurch am Leben, daß wir sie spüren ließen, sie werde noch gebraucht. Ihre Schwester, Anna Wąchalska, die genauso war wie sie und Władka die Papiere ihrer toten Tochter gab, ist gestorben. Marysia lebt bescheiden und zurückgezogen in Łódź. Doch damals war

---

* Skra-Stadion. Leichtathletik-Stadion in Warschau, auch heute noch genutzt.

sie die Hauptmieterin jener Dreizimmerwohnung, die sie mit Antek, Celina, Marek, Stasia, Bernard, ich glaube, auch Kazik, und mehreren anderen teilte. Sie erledigte sämtliche Einkäufe und hatte, wenn sie ausging, immer die Angst im Nacken, was sie wohl bei ihrer Rückkehr vorfinden werde. Bei ihr fühlte ich mich richtig zu Hause. Wenn man in die Wohnung kam, vergaß man, daß sie ein Versteck war. Alles atmete Frieden und Glück. Marysia hätte niemals zugegeben, daß sie Angst hatte, und ich glaube, daß sie auch nicht ängstlich war, obwohl sie ebenso wie wir jeden Augenblick in Lebensgefahr schwebte.

Noch heute ist sie genauso wie damals. Stets lächelt sie. Wenn wir miteinander sprechen, werden Erinnerungen der verschiedensten Art wach. Doch nie redet sie davon, daß sie seinerzeit Angst gehabt habe.

Nachdem Zosia, Joanna und ich verraten worden waren, ging ich nicht mehr zu ihr. Zum größten Teil übernahm Marysia meine Angelegenheiten. Doch das war viel später, unmittelbar vor dem Warschauer Aufstand. Im Augenblick hatten wir noch eine Menge Dinge vor uns.

Ich will versuchen, einiges davon zu schildern.

13. Kapitel
Reisen

Wenn wir nach Krakau fahren mußten, gingen wir zum Bahnhof, ohne zu wissen, welchen Zug wir bekämen. Es war alles Sache des Zufalls, denn es konnte sein, daß in Radom die deutsche Gendarmerie sämtliche Fahrgäste aus dem Zug holte oder daß Partisanen den Zug in Radomsko in die Luft sprengten. Deshalb war es gleichgültig, welchen Zug wir nahmen; wir mußten uns auf unser Glück verlassen.

Man hielt uns für Schmuggler, denn Leute, die nach Krakau fuhren, pflegten selbstgebrannten Wodka mitzunehmen, der in Krakau teuer war, und Würste. Das war Schmuggel. Wir hatten keinen Wodka, doch stets ein bis zwei Kilo Wurst bei uns. Unterwegs zogen die Wodkaschmuggler ihre Flaschen heraus, und wir steuerten unsere Würste bei. So reisten wir gemeinsam als Schmugglerbande. Für gewöhnlich fuhr ich mit Kazik (Symcha Ratajzer). Er sah wie ein echter Warschauer Spitzbube aus, einer von jener Sorte, die aus Powiśle oder Wola kommt. Doch er war sehr jung, noch keine achtzehn Jahre, und konnte noch nicht mit Verstand trinken. Einmal war er von dem Wodka schwer betrunken, und als wir aus dem Zug stiegen, setzte er sich in Krakau auf die Bahnhofstreppe, unfähig, auch nur einen Schritt weiterzugehen. Eigentlich hätte es ganz lustig werden können, besonders als er angeheitert war und zu singen begann. Allerdings war mir keineswegs heiter zumute. Ich war entsetzt. Aber ich konnte nichts tun. Ich ließ ihn auf der Treppe sitzen und ging, während mir das Herz bis zum Halse schlug, zum Parkplatz der Pferdedroschken.

«Würden Sie mir bitte helfen?» fragte ich den ältesten Kutscher. «Mein Bruder ist angetrunken, und ich bin nicht stark genug, ihn hochzuziehen. Außerdem – ich kann ihn in diesem Zustand nicht nach Hause bringen. Mein Vater bringt ihn um, wenn er merkt, daß er betrunken ist. Wir sollten eine kleine Kutschfahrt machen, damit er etwas nüchterner wird.»

In meiner Stimme lag echte Verzweiflung.

«Steigen Sie ein, Fräulein», erwiderte der Kutscher in seinem weichen Krakauer Singsang. Zusammen hievten wir Kazik hinauf auf den Sitz und fuhren los. Kaum waren wir losgefahren, als Kazik den Kopf auf meine Schulter bettete und einschlief. Du meine Güte! Mir entfuhr ein Seufzer der Erleichterung. Eine Stunde lang fuhren wir umher. Irgendwo unterwegs, ich glaube, es war in der Harowiskastraße, durch die wir schon mehrmals gekommen waren, erwachte Kazik mit einem Ruck.

«Was? Wo? Wohin fahren wir?» Ich drückte ihm die Hand. Die nie versagende Routine des Untergrunds wirkte. Er schwieg.

«Wie fühlst du dich?»

«Gut», sagte er.

«Dann sind wir gleich zu Hause. Bitte, Kutscher, zur Gołębiastraße!»

Wir stiegen an der Ecke aus, «damit unsere Eltern uns nicht sehen». Natürlich gingen wir in eine völlig andere Richtung. Ich glaube, zur Floriańskastraße, bin allerdings nicht ganz sicher. An die genaue Anschrift unserer Verbindungsstelle kann ich mich nicht entsinnen, doch ich weiß noch, daß es durch eine Arkade zu einem Fotoatelier ging und daß dort Fotos von Wehrmachtssoldaten ausgestellt waren, darunter ein großes Porträt eines sehr gut aussehenden Gestapomanns mit einem Totenkopfemblem an der Mütze.

Und das Ladenschild war deutschsprachig.

Das Atelier gehörte einem Reichsdeutschen. Er war mit einer Jüdin verheiratet, die hier in Krakau etwas sicherer war, denn in der Hauptstadt des an das Deutsche Reich angeschlossenen Teils Polens waren Recht und Gesetz noch nicht ganz außer Kraft gesetzt. Auch die beiden Kinder standen auf der «Volksliste», und es ist geradezu unglaublich: Da saß die alte Jüdin in dem Raum hinter dem Atelier zusammen mit ihrem Sohn in der Hitlerjugendkluft. In Warschau wäre das unmöglich gewesen! So manches in Krakau war sehr viel anders. Ich glaube, hier tat man sich ein wenig leichter. Wenn man bei einer Razzia geschnappt wurde, genügte es, vor den Nasen der Gendarmen mit ein paar Dokumenten zu wedeln und stolz weiterzugehen – und sie ließen einen ziehen.

Andererseits aber schien es mir, als hätten die Menschen in Krakau viel mehr Angst als die in Warschau. Wenn sie eine Militärpatrouille erblickten, die noch drei Straßen weit entfernt war, bogen sie ab und gingen in einer anderen Richtung weiter.

Freilich gab es auch viele tapfere Menschen in Krakau, die uns halfen. Für gewöhnlich gingen wir zu Maria Hochberg-Mariańska. Einmal gab ich ihr einige Gedichte von mir, dachte aber später nicht mehr daran. Nach dem Krieg entdeckte ich dann eines dieser Gedichte anonym in einem Buch, das den Titel trug: «Das Lied wird überleben».

Krakau war nicht die einzige Stadt, die wir besuchen mußten. Wir mußten auch zu den Lagern in Trawniki und Poniatów gehen. Bei Trawniki büßten wir fast eines unserer Mädchen ein. Sie wurde in der Nähe des Lagers verhaftet, schaffte es aber, sich herauszulügen, indem sie erklärte, sie habe lediglich etwas kaufen und verkaufen wollen. Die Lagerwachen waren Ukrainer, denen ihr Wodka schmeckte, und als Gegenleistung ließen sie sie gehen.

Ich erinnere mich noch, daß ich, nachdem sie drei Tage verschollen gewesen und dann wieder aufgetaucht war, ihre Arme und Beine betastete, wie um mich zu vergewissern, daß sie wirklich lebte und noch aus einem Stück war.

Auch in einen Ort bei Tschenstochau fuhr ich, wo eine Gruppe von Kämpfern in der Scheune eines Bauernhofs Unterschlupf gefunden hatte. Ein paarmal ging ich dorthin, um ihnen Geld zu bringen. Ich sah Tschenstochau, wie es sich im Krieg darbot, voll von Pilgern, die auf den Straßen knieten oder vielmehr auf den Knien zum Kloster rutschten. Und in der Erinnerung sehe ich in einiger Entfernung das Kloster auf der Anhöhe und die Straßen voller kniender und betender Menschen. Es machte großen Eindruck auf mich, denn damals war mir alles Übernatürliche irgendwie vertrauter geworden. Oder vielleicht nötiger?

Auf dem Bauernhof stieg ich dann auf einer Leiter in das Versteck unter der Scheune hinunter, und wir aßen Rührei und tranken Wodka. Danach verband ich all die kleinen Wunden, Verbrennungen und Kratzer der Kämpfer, denn das war meine «Spezialität». Ich ließ ihnen einen Vorrat an Verbandszeug und Salbe da und kehrte nach Warschau zurück.

Zum Glück konnte eine meiner Reisen nicht stattfinden. Ich sollte zusammen mit einer jungen Polin, die als zuverlässig galt, nach Lemberg fahren. Ich kannte sie nicht, und sie gehörte auch nicht zu meinen Kontaktpersonen. Jede von uns hatte 2000 US-Dollar* und 100 000 Złoty bei sich. Ich hatte das Geld in der Pańskastraße besorgt, wo sich damals das ŻOB-Kommando befand.

Bei den 2000 Dollar handelte es sich um zwei Tausenddollarscheine, die leicht zu verstecken waren, doch die 100 000 Złoty bestanden aus Fünfhundertnoten, so daß ich unter der Kleidung förmlich damit wattiert war. So präpariert, machte ich mich eines Morgens ganz früh auf den Weg, als die Ausgangssperre gerade abgelaufen war. Trotzdem begegnete ich unterwegs drei Patrouillen.

Als ich zu Hause ankam, waren die Banknoten von Schweiß durchweicht. Von Angstschweiß. Ich erinnere mich, daß ich mir am meisten über die 2000 Dollar den Kopf zerbrach, denn wenn ich geschnappt worden wäre, hätte ich das «richtige» Geld eingebüßt, nur weil ich diese blödsinnigen 100 000 Złoty mit mir herumschleppen mußte.

Aber ich kam gar nicht nach Lemberg, weil ich keinen Paß erhielt. Wir schafften es nicht, uns einen solchen zu besorgen. Es stellte sich heraus, daß die junge Frau uns verraten hatte. Sie tat es für Geld. Wäre ich mit ihr gefahren, könnte ich heute diese Zeilen nicht schreiben. So viel steht fest.

* Diese US-Dollar waren entweder schon seit der Vorkriegszeit in Polen oder wurden während des Kriegs ins Land geschmuggelt, um Untergrundkämpfern und Juden das Untertauchen zu ermöglichen.

Sogar nach dem Warschauer Aufstand fuhren wir noch nach Krakau. Ich entsinne mich, daß mich die Deutschen in Żyrardów einmal aus dem Eisenbahnwagen warfen, so daß ich bei klirrendem Frost die zwanzig Kilometer bis Grodzsik in einem offenen Wagen zurücklegen mußte, wie es sie damals noch gab.

Ich war froh, daß jemand am Bahnhof von Grodzsik erschienen war, um mich abzuholen. Denn ich war außerstande, mich auf den Beinen zu halten oder ohne Hilfe aufzustehen. Zum Glück hatte ich keine Erfrierungen davongetragen.

14. Kapitel
In der RGO-Halle

Seltsam war meine Begegnung mit einer ganz anderen Welt, mit den Straßenkindern. Ich weiß nicht, wie es dazu kam, doch im Winter 1943/44 bekam ich eine Stelle als Kinderbetreuerin in der Świętlica* genannten Halle der RGO** im Salesianerkloster in Powiśle. Die Halle befand sich im Verwaltungstrakt. Im Klosterbüro gab es ein Telefon, das ich benutzen durfte, was für mich bisweilen sehr hilfreich war. Außerdem besaß ich einen veritablen Ausweis, der sich gleichfalls als nützlich erwies. Obwohl ich die Stelle lediglich angenommen hatte, um meine wirkliche Tätigkeit zu vertuschen, kam ich meinen Pflichten gewissenhaft nach, und ich gebe zu, daß es mir Freude bereitete. Dieser Kontakt mit den Kindern von den Straßen Warschaus brachte etwas Heiterkeit in mein Leben; es gab sogar Augenblicke, in denen ich vergaß, daß ich gar nicht dazugehörte und mich die ganze Zeit über nur verstellte.

Ich nahm Anteil an dem schwierigen Dasein dieser armen Geschöpfe, die so sehr unter dem Krieg zu leiden hatten, vielleicht anders als wir, aber doch genauso schwer. Sie waren schlecht ernährt und keineswegs fröhlich, hatten kein wirkliches Zuhause und keine Eltern, die sie liebten, und daher fühlte ich mich ihnen nahe. Sie waren schon sehr erwachsen, in jenem grausamen, frühreifen Erwachsensein derer, denen man die Kindheit gestohlen hat.

Und doch waren sie noch Kinder. Eines Tages bereite-

* *Świętlica. Halle, in der Schulkinder nach Unterrichtsschluß betreut wurden, bis es zum Nachhausegehen Zeit war, eine Art Beschäftigungsstätte.*
** *RGO. Rada Główna Opiekuńcza («Haupthilfsausschuß»), ein staatlich anerkannter Wohltätigkeitsverband.*

ten wir ein Gemeinschaftssingen vor, das am Abend statt-finden sollte – natürlich vor der Sperrstunde.

Die Jungen baten mich, an diesem Abend zu kommen (für gewöhnlich arbeitete ich dort nur von morgens zehn bis mittags ein Uhr). Ich sagte ihnen ganz ehrlich, ich hätte Angst. Unmittelbar vor der Sperrstunde durch die dun-klen Straßen von Powiśle zu gehen war nicht ungefährlich, und was ich normalerweise bei mir trug, war zu wertvoll, als daß ich das Risiko eingehen wollte, es mir stehlen zu lassen. Schließlich trieben sich auf den Straßen außer Gen-darmen und Erpressern Banden junger Männer herum, die vom Krieg völlig verdorben waren und jeden ausplünder-ten, nicht nur uns. Gar nicht selten hörte man den Satz: «Zieh deinen Mantel aus, Fräulein», und man konnte sich kaum dagegen wehren. Auf diese Weise kam Frau Dr. Margolisowa an einem kalten Abend auf dem Moko-towskifeld um ihren Mantel. Glücklicherweise ließ man ihr den Muff und die Papiere. Papiere nahmen die Bandi-ten nicht. Schließlich waren sie Polen, die ihre Opfer nicht zusätzlichen Gefahren von deutscher Seite aussetzen wollten. Nun, meine Furcht war jedenfalls begründet, und die Dunkelheit, die auf den Straßen herrschte, machte sie nicht geringer.

Unerwarteterweise schlug man mir eine Lösung vor – man versprach mir, mich zu beschützen.

«Haben Sie keine Angst! Mein Vater ist der größte Dieb in ganz Powiśle. Wir bringen Sie nach Hause, und niemand wird Sie anrühren.»

Das waren keine leeren Worte und keine Prahlereien.

Einige Tage oder Wochen später gelangte ich zu der Überzeugung, daß wir – diejenigen, die in der Schulhalle arbeiteten – unter dem besonderen Schutz der mit allen Wassern gewaschenen Burschen aus der Bednarskastraße, der Furmańskastraße und der Gestastraße* standen. Eines Tages hatte ich in der Furmańskastraße zu tun. Irgendwo im dritten Hinterhof eines entsetzlich heruntergekomme-nen Hauses war eine Wohnung, zu der ich hinmußte. Doch

---

* Alle drei Straßen waren dafür bekannt, daß dort Kriminelle wohnten: Taschendiebe, Einbrecher und kleine Diebe.

schon am Eingang zum ersten Hof hörte ich hinter mir Schritte, die näher kamen.

Im ersten Augenblick überlief es mich kalt. Doch es gab keinen Ausweg. Ich konnte nicht zurück, aber ich konnte auch nicht in die Wohnung gehen, denn ich wußte ja nicht, ob mir ein gewöhnlicher Dieb oder ein Erpresser folgte.

Ich ging schnurstracks weiter, geleitet von dem Wunsch, meinen Verfolger in die Irre zu führen, indem ich einfach in ein anderes Treppenhaus ging.

Doch irgendwo zwischen dem zweiten Hof und dem Tor hörte ich plötzlich eine Männerstimme mit dem charakteristischen Warschauer Näsel-Akzent.

«Hau ab, Felek, du alte Sau! Du Spatzenhirn – siehst du nicht, daß sie von der Halle ist?»

Schritte, die sich rasch entfernten und in der Dunkelheit verhallten, dann Ruhe. Doch an diesem Tag ging ich nicht dorthin, wo ich hingehen sollte. Es war besser, wenn mir niemand dorthin folgte.

Meine Tätigkeit in der Halle dauerte nicht lange, nur einige Monate. Alle, die dort arbeiteten, waren jung und irgendwie im Untergrund aktiv. Eines Morgens, als ich zur Arbeit kam, fand ich die Halle leer. Am Nachmittag zuvor hatten sie die Salesianerpatres und das gesamte Personal der Halle abgeholt.

Ich bin sicher, daß jene, die damals in Warschau lebten, sich an die Leichen im schwarzen Priestergewand erinnern, die auf dem kahlen Ghettogelände hingen und von jenseits der Ghettomauer in der Lesznostraße zu sehen waren. Dort war es, wo die Nazis im Frühjahr 1944 die Salesianerpatres erhängten.

15. Kapitel
Herr Antoni

Herr Antoni war Hausmeister in der Próżnastraße, ich entsinne mich nicht genau, ob im Haus Nr. 12 oder im Haus Nr. 14. Ich weiß, daß beide Häuser noch heute stehen. Sie gleichen sich völlig, und auch die Pförtnerlogen sind einander gleich, kleine Räume, in denen vor dem Krieg für gewöhnlich die Hausmeister wohnten.

Herr Antoni war, wie er von sich selbst sagte, «Hauptfeldwebel der polnischen Armee», und das hieß damals: der Heimatarmee. Meistens trug er einen nur locker übergeworfenen Schaffellmantel wie die Männer, die mit ihren Karren durch die Stadt fuhren, und er hatte einen langen, buschigen Schnurrbart. Über dem Schnurrbart prangte eine rote Säufernase, und unter den buschigen Brauen blickten zwei durchdringende Augen hervor.

In Herrn Antonis Stübchen gab es ein Versteck. In einem kleinen Loch hinter einigen Kästen konnte man für ein paar Tage Leute verbergen, die «abgebrannt» waren, und dort versteckten wir auch die jungen Männer, die aus den Wäldern nach Warschau zurückgekommen waren, bis wir für sie eine bessere Bleibe gefunden hatten.*

Der Kurier, der für uns die Verbindung mit den Leuten in den Wäldern hielt, war Zygmunt, «die Nadel»; wir nannten ihn so, weil er vor dem Krieg bei einem Schneider in die Lehre gegangen war. Er war es, der mich mit Herrn Antoni bekannt machte.

Ich ging sehr oft zu Herrn Antoni. Unsere Beziehungen waren etwas kompliziert. Herr Antoni argwöhnte, ich

---

* Jüdische Kämpfer, die den Ghettoaufstand überlebt hatten, gingen zuerst in die Wälder und kehrten später nach Warschau zurück.

wolle mit ihm nichts zu tun haben, und glaubte darin den Grund dafür zu sehen, daß ich mich weigerte, seinen selbstgebrannten Wodka aus einem schmutzigen Senfglas zu trinken. Diese Art von Zecherei war in der Tat nicht nach meinem Sinn, und ich entschuldigte mich jedesmal, indem ich sagte, ich sei im Dienst, hätte meine Arbeit noch nicht getan und müsse nüchtern bleiben. Doch eines Tages war ich unglücklich. Es war der Tag des Überfalls auf den Geldtransport. Eigentlich hätte ich merken müssen, daß Herr Antoni daran beteiligt gewesen war, doch es kam mir nicht in den Sinn. Als ich seine Stube betrat, waren dort mehrere Leute. Auf dem Tisch standen Senfgläser, selbstgebrauter Wodka und Bier. Auf einer Zeitung lagen Würste, und neben Würsten und Wodka lag das Geld, viel Geld. Herr Antoni war betrunken. Er packte mich an der Hand.

«Wenn du heute nicht mit mir trinkst», sagte er, «heißt das, daß du den Hausmeister verachtest. Dann ist es aus zwischen uns.»

Ich wußte, es gab keinerlei Ausweg. Ich setzte mich. Sie gossen eine Mischung, halb Wodka, halb Bier, in ein Senfglas. Ich trank… Um mich herum begann sich alles zu drehen. Ich war bestimmt nicht empfindlich, aber weder vorher noch nachher habe ich je ein solches Gebräu getrunken. Tränen stiegen mir in die Augen. Ich war außerstande, ein Wort zu äußern. Herr Antoni, den dies belustigte, klopfte mir auf den Rücken.

«Wir haben nichts anderes hier», erklärte er. «Laß uns in eine Bar gehen.»

Abzulehnen war unmöglich. Er war betrunken und hatte sich nicht in der Gewalt. Bei hellem Tageslicht überquerten wir den Grzybowskiplatz, eine einigermaßen elegant gekleidete Frau zusammen mit einem nicht ganz gerade gehenden Hausmeister im Schaffellmantel und mit verwegen übergestülptem Hut. Wir kamen zu einer Bar am Grzybowskiplatz, dort, wo heute das Theater steht.

Wir gingen hinein und setzten uns an einen Tisch. Und ein Wunder geschah. Herr Antoni verkündete, er habe sein Geld vergessen.

«Setz dich hin und beweg dich nicht von der Stelle.»

Mit diesen Worten ließ er mich allein und ging, um sein Geld zu holen. Der Mann an der Bar war nicht auf den Kopf gefallen. Er kannte Herrn Antoni. Er zwinkerte mir zu und ließ mich durch die Hintertür auf die Twardastraße hinaus.

«Ich bringe das schon in Ordnung mit ihm», sagte er.

Ich weiß wirklich nicht mehr, wie ich es fertigbrachte, nach Hause zu kommen. Das war mein letztes Treffen mit Herrn Antoni.

Wenige Tage später, als Zygmunt und einige unserer Jungen zu ihm gingen, ereignete sich Schreckliches. Es waren dort auch einige Leute von der Heimatarmee. Hatte jemand sie verraten? Hatte jemand sie gesehen? Plötzlich tauchten deutsche Gendarmen auf, und eine Schießerei begann. Nicht einer kam lebend heraus – auch auf der Gegenseite gab es Tote.

Herr Antoni starb mit einer Waffe in der Hand zusammen mit unseren Jungen. Ich weiß nicht, wen die Deutschen suchten. Unsere Leute? Oder die anderen? Jedenfalls kämpften sie alle zusammen und starben zusammen.

16. Kapitel
Ein kurzer Urlaub

Ich begegnete ihm im April 1944. Tadeusz war ein wirklich gutaussehender Mann – groß, gut gebaut, mit kastanienbraunem Haar, tiefblauen Augen unter mädchenhaften, langen Wimpern und einem bezaubernden Lächeln auf seinem sonnengebräunten Gesicht. Ich saß im Café und trank meinen schwarzen Kaffee, als er an meinen Tisch trat und mit tiefer, melodischer Stimme fragte: «Sie haben nicht zufällig eine Zeitung von gestern, Madame?»

Für einen Augenblick vergaß ich, daß die vereinbarte Antwort lauten sollte: «Ich habe nicht auf das Datum gesehen, aber sie muß noch älter sein.» Statt dessen murmelte ich etwas vor mich hin. Erst als Tadeusz daraufhin stehenblieb, unschlüssig, ob er sich setzen sollte oder nicht, kam ich wieder zu mir und antwortete korrekt. Nach einer Weile unterhielten wir uns, als wären wir alte Freunde, und für Augenblicke ging mir der Gedanke durch den Kopf: Schade, daß ich mir nicht den kleinsten Flirt leisten kann.

Tadeusz war warmherzig, doch zugleich ernst. Er sollte unser neuer Verbindungsmann gegenüber der polnischen Untergrundbewegung sein und uns helfen, Papiere und Wohnungen zu besorgen, vor allem für die jungen Leute, die aus den Wäldern zurückkamen.

Es war immer schwieriger, Wohnungen für Männer zu finden – erst recht für Kämpfer – als solche für Frauen, besonders für Frauen mit «gepflegter» Erscheinung, die fließend polnisch sprachen. Deshalb war ich von dem neuen «Helfer» begeistert, zumal er soviel persönlichen Charme besaß. Nach einem kurzen Gespräch schob ich Tadeusz unter einer Zeitung einige Fotos und Adressen zu.

Sie sollten dazu dienen, neue Kennkarten anzufertigen. Im Gegenzug versah er mich mit den neuesten Lageberichten aus dem Untergrund.

«Das nächste Treffen wird in drei Tagen in der Simonspassage beim Kino sein.»

«Bis bald.»

Ein Lächeln und ein sehnsüchtiger Blick.

Ich blieb am Tisch sitzen. In wenigen Minuten hatte ich ein weiteres Treffen. Diesmal mit zwei Mädchen von «uns». Lachend und heiter, wie es von ihnen verlangt wurde, betraten sie das Café.

«Darf ich…»

«Ja, selbstverständlich.»

Dann das gegenseitige Anbieten und Anzünden von Zigaretten.

Diesmal schoben sie mir einige Fotos zu. Als Gegengabe erhielten sie von mir, in eine Papierserviette gefaltet, einen Zettel mit der Anschrift eines Zimmers, in dem sie jemanden unterbringen konnten.

«Herzlichen Dank. Es war nett, Sie zu sehen», waren die höflichen Abschiedsworte. Ich trat auf die Straße hinaus. Einige Augenblicke verweilte ich vor dem Fenster des nächsten Ladens – zum Glück ein Modegeschäft –, um mich zu vergewissern, daß mir niemand folgte.

Alles klar. In guter Stimmung marschierte ich los. Schließlich ist selbst für eine liebende Ehefrau die Begegnung mit einem gutaussehenden jungen Mann ein Ereignis.

Die drei Tage vergingen sehr rasch. Ein kurzes Treffen auf der Straße, zu dem wir uns beide mit der obligatorischen Pünktlichkeit einfanden, hinterließ einen gleichermaßen guten Eindruck.

Tadeusz gab mir mehrere Sätze gefälschter Papiere, die rasch und fehlerfrei hergestellt worden waren, wie ich feststellen konnte, als ich zu Hause war.

«Wann sehen wir uns das nächste Mal?»

«Nicht vor zehn Tagen. Ich reise nach…» – erst im letzten Augenblick fiel mir ein, daß ich es niemandem erzählen durfte –«…Radom, aus privaten Gründen.»

Die Geschichte von meiner Tante in Radom, die immer

wieder einmal ihre Nichte mit Leckerbissen verwöhnen wollte, ging mir glatt über die Lippen.

Tatsächlich fuhr ich am anderen Tag ab – nach Krakau.

Nach meiner Rückkehr fühlte ich mich, als hätte mir jemand mit einem Knüppel auf den Schädel geschlagen. Es hatte sich herausgestellt, daß Tadeusz ein Agent provocateur war, der für die Deutschen arbeitete. Die Leute, deren Adressen ich ihm übergeben hatte, waren verraten worden. Unsere Kontaktpersonen aus dem polnischen Untergrund berichteten uns, auch die, die ihn mit Papieren versorgt hätten sowie mehrere andere seien verhaftet worden. Ich war eine seiner ganz wenigen Kontaktpersonen, die der Verhaftung entgangen waren.

Man hatte ihn zum Tod verurteilt.

Fürs erste war ich «aufgeflogen», wenn nicht Schlimmeres. Ich war selbst in Gefahr, verhaftet zu werden, und stellte für jeden, mit dem ich zusammenkam, eine Gefahr dar.

Zum Glück wußte Tadeusz weder meinen Namen noch meine Adresse, und er kannte auch nicht die Wahrheit über mich. Für ihn war ich einfach eine Polin, die Juden im Versteck half.

Jetzt mußte ich mich selbst verstecken. Ich mußte meinen Wohnbezirk ändern und es vermeiden, mich auf der Straße zu zeigen. Es war schwierig, sehr schwierig.

Daß ich «gut» aussah und mit Warschauer Akzent sprach, half mir nicht. Ich war in Warschau amtlich gemeldet. Also konnte ich mich nicht anderswo registrieren lassen.

Und wie sollte ich erklären, daß ich nun unablässig zu Hause saß? Ich mußte ein Versteck finden, dessen Vermieter ich meine Situation wenigstens einigermaßen plausibel machen konnte.

Die Lösung, die wir fanden, war verrückt und verstieß gegen sämtliche Prinzipien des Untergrunds, aber sie funktionierte.

Joanna und Zosia arbeiteten als Haushaltshilfen in einem Haus in Mokotów. Ihre Arbeitgeber wußten lediglich, daß sie zwei Mädchen aus gutem Hause waren, die aus Deutschland vertrieben worden waren. Sie wurden als

Familienmitglieder behandelt, aßen mit der Familie und mußten sich ständig Klagen über Juden anhören, die keinerlei Skrupel hätten, das Leben anständiger Menschen aufs Spiel zu setzen. Es war eine «patriotische» und extrem rechtsgerichtete Familie, eine Kombination, die zum größten Philistertum führte, das man sich vorstellen kann.

Ich pflegte die Mädchen dort zu besuchen und erregte nie den geringsten Verdacht.

Die Familie verdiente ihren Lebensunterhalt mit der Herstellung süßer Waffeln, und die Dame des Hauses brauchte Mädchen, die ihr dabei halfen, die Füllung zuzubereiten und das fertige Gebäck an Süßwarenläden und Patisserien auszuliefern.

Von mir hatte man den Leuten nur so viel erzählt, wie nötig war, um in ihnen das Verlangen zu wecken, ihre patriotische Pflicht zu erfüllen, indem sie einer Botin der Heimatarmee halfen, die in Gefahr war.

Ich zog zu Joanna und Zosia, die bei den Waffelbäckern wohnten – sie hatten ihr eigenes Zimmer im Keller –, und während der nächsten drei Wochen hatte ich Urlaub, wie ich ihn mir nur erträumen konnte. Keinerlei Verpflichtungen – keine Treffen und keine Hiobsbotschaften über Verrat und Schwierigkeiten. Ich verließ kaum das Haus (und wenn, dann ging ich nur bis zum nächsten Laden, und das abends) und beschäftigte mich damit, den Mädchen beim Saubermachen zu helfen. Ich lernte, Koteletts zu grillen und für die zahlreichen Mitglieder der Familie Fleischklößchen zuzubereiten, und außerdem half ich bei der Herstellung der Waffelfüllung, einer entsetzlich klebrigen Masse aus Zucker, Milch und, wie ich glaube, Vanille. Wir mußten das Zeug stundenlang kochen und mischen, es dann durch ein Sieb pressen und auf die Waffeln verteilen, die schlußendlich gepreßt wurden. Alles, was ich auf längere Sicht davon mitbekam, war eine Abneigung gegen Waffelfüllungen und ein gesunder Respekt vor der harten Arbeit von Pastetenbäckern – besonders an dem Tag, als Marysia, die mich von Zeit zu Zeit besuchen kam, mit beiden Füßen in meine gesamte Tagesproduktion trat! In wahnsinniger Eile mußte ich los, um neue Zutaten zu holen, und dann von neuem beginnen. Dennoch hatte ich hier in gewissem Sinne wirkliche Ferien. Allerdings war es auch eine schreckliche Begegnung mit der Heuchelei und den Vorurteilen der angeblichen Intelligenz – diesmal nicht der unteren Volksschichten.

Ohne Bedauern vernahm ich, daß an der charmanten Laus Tadeusz das Todesurteil vollstreckt worden war. Noch am selben Tag kehrte ich heim – wie an jedem anderen Tag, dessen Ablauf eingeteilt war durch die Anzahl von Treffen, die Summe der Dinge, die erledigt oder nicht erledigt werden konnten. Da gab es keine Zeit zum Nachdenken und noch viel weniger Zeit dafür, Erinnerungen zu speichern oder wegen vergangener Dinge sentimental zu werden.

Es mag seltsam erscheinen, doch als ich zu diesem «normalen» Leben zurückkehrte, das immer von einem Gefühl des Gefährdetseins begleitet war, von ständiger Angst unterwegs und zu Hause, einer Angst, die wie ein Eisklumpen im Magen saß, fühlte ich mich besser, sogar ganz gut.

Wir hatten ein Gefühl der Zusammengehörigkeit. Es beruhte darauf, daß wir taten, was wir tun mußten, daß die Dinge nur so und nicht anders getan werden konnten und daß dies alles einen Sinn ergab.

Wir fühlten uns nicht traurig. Wir hatten das Lachen noch immer nicht verlernt und konnten uns über dies und jenes lustig machen. Vielleicht weil wir eigentlich nicht mehr an eine Zukunft glaubten? Ich weiß es nicht… Aber ich weiß, daß jene Tage, an denen ich zur Pańskastraße zu gehen pflegte und dort übernachtete oder die jungen Männer uns in der Miodowastraße besuchen kamen, sich meiner Erinnerung als Lichtblicke eingeprägt haben. Wir versuchten uns gegenseitig zu helfen – mit Wodka. Aber es war schwierig.

Damals begann ich mir immer mehr Sorgen um Stefan zu machen, der zusehends Hoffnung und Willenskraft verlor.

Und wenn einer die Hoffnung verlor…

Es gab viele Menschen, denen es so ging wie ihm. Und das Schlimmste war, daß es stets leichter war, Menschen zu helfen, die man nicht kannte. Sie zu belügen. Ich wußte stets, was ich denen zu sagen hatte, die sich verstecken mußten oder in irgendwelchen Schlupfwinkeln saßen.

Was ich ihm aber sagen sollte, wußte ich nicht. Vielleicht wäre alles ganz anders ausgegangen, wenn ich es gewußt hätte. Ich werde es niemals erfahren...

17. Kapitel
Hotel Polski

Am 11. Juli 1943 gingen wir durch die Straßen Warschaus wie einst. Ich ging mit meinem Mann Arm in Arm über die Marszałkowskastraße, durch den Sächsischen Garten, die Niecałastraße, die Wierzbówastraße und die Biełańskastraße hinab zur Długastraße. Es war wieder wie 1937 bis 1939, als er mich nach Hause brachte, wenn wir gemeinsam im Kino gewesen waren, vor jener verrückten Heirat am 27. Juli 1939. Nur daß diesmal ich es war, die ihn von dem Keller des Gemüseladens in der Mokotówstraße zum Hotel Polski begleitete. Es war ein kleines Hotel neben dem Kino in der Długastraße.

Zum letztenmal in unserem Leben gingen wir miteinander. Zwar war es sein Entschluß, doch ich führte ihn auf diesem letzten Weg. Er war zu der Überzeugung gelangt, daß er genug habe, daß es so unmöglich weitergehen könne. Männer von der Jüdischen Gestapo*, die damals ihre Vertrauenswürdigkeit wiederzugewinnen suchten, hatten uns einen freien Platz angeboten; ich weiß nicht mehr, auf welche Weise mir die Sache zu Ohren gekommen war. Auf keinen Fall war es etwas für mich, aber da niemand sonst in Frage kam, erzählte ich Stefan davon, und er fing Feuer. Es war, als wäre dies seine letzte Hoffnung; möglicherweise aber war er sich völlig im klaren darüber, wie es ausgehen werde. Doch er wollte nicht mehr weitermachen wie bisher, er wollte nicht einmal mehr leben.

Ich weiß nicht mehr, worüber wir sprachen oder ob wir unterwegs überhaupt ein Wort wechselten. Als wir ange-

---

* *Jüdische Gestapo. Eine im November 1940 aufgestellte Gestapoeinheit, deren offizielle Bezeichnung «Büro zur Bekämpfung von Wucher und Schieberei» lautete und deren Mitglieder jüdische Polizisten waren.*

kommen waren, überprüfte jemand in der Pförtnerloge seine Papiere; vielleicht gab er ihm neue, vielleicht nahm er aber auch welche von ihm entgegen.

Ich weiß es nicht, ich erinnere mich nicht. Ich entsinne mich nur, daß es ein kleines, schmutziges Hotel in der Długastraße war. Damals aber erschien es mir riesengroß.

Sie wiesen ihm irgendwo oben ein Zimmer zu. Das weiß ich ganz genau. Meine Papiere überprüften sie überhaupt nicht. Das Haus war voll von Menschen, die gekommen waren, um ihren Verwandten Lebewohl zu sagen. Als wir aus der Pförtnerloge in die Hotelhalle traten, kamen wir uns vor wie in einem Traum oder einem surrealistischen Film. Überall waren Juden ohne Armbinden, die sich frei bewegten.

Es waren reiche Juden, denn die Reise war teuer. Papiere, die an Menschen verschickt worden waren, deren Asche längst die Erde von Treblinka düngte, waren von der Gestapo für hohe Summen weiterverkauft worden. Es war ein kostspieliger Tod. Abgesehen davon, daß man sich vorher mit dem Geld zwei, drei oder vier Tage der Illusion verschafft hatte. Vielleicht lohnte dies bereits die Ausgabe.

Die Menschen, die ich dort sah, wirkten nicht hungrig. Hoffnung hatte die Frauen veranlaßt, ihre besten Kleider anzulegen und sich die Lippen zu schminken; die meisten waren sogar beim Friseur gewesen und hatten sich das Haar zurechtmachen lassen. Ich erinnere mich nicht, ob sie das Hotel verlassen durften oder ob es einen Friseur im Haus gab.

Auf jeden Fall gab es dort ein Café, wo man tatsächlich Kaffee bekam. Er schmeckte wie Spülwasser, doch das Café war stets voll besetzt. Dieser Vorgeschmack von Freiheit machte die Menschen trunken. Plötzlich erinnerten sie sich daran, daß sie Menschen waren. Sie sprachen – normal, laut. Sie konnten die Treppen hinauf- und hinuntersteigen, wie es ihnen beliebte. Sie konnten die Zeit damit verbringen, nach ihren Kindern zu schauen, sie gar zu schelten, denn die Kinder rannten herum und machten eine Menge Lärm, als seien sie aus einem Käfig entlassen worden. Und ich sah Kinder, die tatsächlich lächelten.

Dann begann ich alles klarer zu sehen. Ich sah nicht.

mehr nur diese Handvoll Kinder, die «gerettet» waren, sondern auch all jene, die bereits tot waren, die mir ganz nah gestanden hatten. Doch ich begriff nichts, nicht einmal zum Schluß. Nur eine böse Vorahnung beschlich mich. Auch Marysia war da, weil eine ihrer Freundinnen ebenfalls mitfahren sollte. Während der paar Tage gingen wir täglich dorthin. Am letzten Tag gingen wir gar nicht nach Hause, sondern blieben die Nacht über da.

Abermals ist fast alles meinem Gedächtnis entfallen. Ich weiß nur noch, daß wir in dieser Nacht vom 12. zum 13. Juli auf einer Polsterbank irgendwo oben im Treppenflur saßen.

«Ich sage dir nicht Lebewohl, denn das könnte ein schlechtes Omen für unser Wiedersehen nach dem Krieg sein», ist alles, was ich von Stefans Worten behalten habe.

Am Morgen winkte er mir nur zu und ging die Treppe hinunter.

«Begleite mich nicht hinaus», sagte er.

Als er schon unten war, rief er: «Paß auf dich auf!»

Dann ging er in den Hof.

Ich rannte hinter ihm her. Marysia ebenfalls.

Und dann sahen wir es. Wir sahen, daß es keine Busse waren, die sie fortbrachten, sondern Gefangenentransporter. Die Gendarmen trieben die Leute zusammen und riefen: «Schnell, schnell!»

Und die Menschen begriffen noch immer nicht, sondern beeilten sich und drängten voran zu den Lastwagen.

Fast hätte man auch uns mit den anderen zusammengetrieben.

Doch wir kamen hinaus – und liefen geradewegs einem Erpresser in die Arme. Er schleppte uns zu der Polizeistation in der Hipotecznastraße, aber unsere Mienen wirkten dermaßen gefaßt, daß der Polizist nicht einmal unsere Papiere überprüfte. Wir waren auch wirklich gefaßt, so gefaßt, wie man angesichts einer Katastrophe nur gefaßt sein kann.

Denn wir wußten schon Bescheid.

Und ich wußte, ich wußte ganz zweifelsfrei, daß alles vorbei war und daß ich ihm dies angetan hatte, mit meinen eigenen Händen. Zwar hatte er es gewollt, doch ohne mich hätte er nie erfahren, daß er auf diese Weise seinem Leben entkommen konnte.

Der Konvoi fuhr direkt nach Auschwitz.

Irgend jemand warf einen Zettel aus dem Fenster eines der Transporter.

Aber wiederum hatten wir keine Zeit zum Nachdenken und keine Zeit für den Luxus, der einst Verzweiflung hieß.

Wir mußten zu unseren Alltagssorgen zurückkehren.

Und in meinem Alltag ging es um die Sorgen von Menschen.

18. Kapitel
Kinder im Versteck

Es mag dumm klingen, aber irgendwo in meinem Inneren fühlte ich mich noch immer als Ärztin. Arzt zu sein hebt einen aus dem normalen Leben heraus. Es bedeutet, daß man die Leiden anderer stets ernster nehmen muß als die eigenen. Man ist Arzt, um Menschen zu helfen, nicht um sich selbst zu bedauern. Wenn einen so viel Leid umgibt, daß die Welt voll ist davon, dann ist das jedenfalls anders, als wenn man mit seinen privaten Katastrophen allein ist.

Und mich umgab so viel Leid, daß immer noch einiges übriggeblieben wäre, wenn man es auf die gesamte Menschheit verteilt hätte.

Und dann waren da die Kinder.

Über die Kinder zu schreiben ist besonders schwer, denn es sind nur Worte. Ich bin keine Schriftstellerin – und ich kann Worte nicht zum Schreien bringen.

Auf jeden Fall ist dies nicht ein Stück Literatur. Es ist ein Bericht über Dinge, die sich wirklich zugetragen haben. Wenn man einfach sagt, daß ein Kind gestorben ist, bedeutet das überhaupt nichts. So viele Kinder verhungerten, so viele wurden vergast... so viele, so viele...

Sechs Millionen Menschen starben, und die Sonne hörte nicht auf zu scheinen!

Warum also schreibe ich über dieses eine Baby? Weil vier bis sechs Monate lang die junge Frau kaum von ihrer Strohschütte im Keller aufstehen konnte, weil sie immer wieder meine Hand an ihren Leib führte und sagte: «Es lebt! Es bewegt sich! Nicht wahr?»

Niemand wartete auf sie. Sie hatte niemanden auf der Welt. Doch sie hatte dieses Kind in ihrem Bauch, und das war ihre ganze Welt.

Sie entband ohne einen Laut. Nicht ein einziges Stöhnen. Doch sie blutete, wo sie sich in die Hände gebissen hatte, und ihre Nägel waren gebrochen.

Sie hatte ein lebendes Kind zur Welt gebracht. Ein Mädchen. Im Herbst 1943. Ständig werden Kinder geboren. Sogar in Verstecken und Kellern. Doch oft sterben sie, und es ist nicht immer möglich, sie zu retten. Man hat nur seine Hände, aber man benötigt auch Medikamente und Muttermilch, die in diesem Fall überhaupt nicht floß. Die Vermieterin hatte Angst, mehr Milch nach Hause zu bringen, als sie sonst zu kaufen pflegte. Außerdem braucht man Luft, und davon gab es keine in dem Keller; man kann sie nicht mit den Händen herschaffen.

Und sie dürfen nicht schreien. Die Vermieter hatten Angst. Angst hatten auch jene, die mit der jungen Mutter zusammen im selben Versteck hausten. Die erschöpfte, verängstigte Mutter bedeckte das Gesicht des Kindes mit einem Kissen. Denn es hatte jemand das Haus betreten. Deshalb war es kein Wunder, daß ich schließlich den Körper des Neugeborenen in einem Pappkarton aus dem Haus tragen mußte.

Ein etwas älteres Baby, das schon einige Monate alte Kind einer anderen Mutter, trug ich in seiner Babykleidung auf den Armen hinaus. Doch ich möchte mich nicht daran erinnern, wie ich mit den Totengräbern Wodka trinken mußte, ehe sie sich bereit fanden, den Körper irgendwo an der Mauer zu begraben. Und dann gab ich mir selbst das Versprechen, daß, soweit es in meiner Macht stünde, niemals mehr in Verstecken Kinder geboren werden sollten.

Es gab auch lebende Kinder. Ganz wenige von ihnen befanden sich bei ihren Eltern. Sie waren schon etwas älter und besaßen die Frühreife Fünf- oder Sechsjähriger, die sie lehrte, nie zu weinen, nie zu sprechen und fast den ganzen Tag auf einem Strohsack im Bett zu liegen.

Weil sie den ganzen Tag über bewegungslos in einer dunklen Höhle im Bett lagen, stellten diese Kinder bald das Gehen ein. Das ist eine anerkannte Krankheit, die man als Rachitis tarda* oder Spätrachitis bezeichnet. Aber man

---

* *Rachitis tarda (Spätrachitis). Ein durch anhaltende Bewegungslosigkeit hervorgerufenes Leiden.*

muß es gesehen haben, um zu wissen, wie es ist, wenn ein zwölfjähriges Mädchen bewegungslos daliegt und sogar dann, wenn es aufstehen darf, nicht auf den eigenen Füßen stehen kann. Wenn es dann stumm weint. Und wie es ist, wenn die Krämpfe beginnen und man nur hilflos zusehen kann.

Erst nach dem Krieg bekamen die überlebenden Kinder Sterogyl, und einige wurden wieder gesund.

Doch es gab auch etwas anderes. Die kleinen Vier- und Fünfjährigen verlernten das Sprechen. Ihre Entwicklung wurde rückläufig. Sie waren wie kleine Tiere, die mit riesigen Augen schauten und von Zeit zu Zeit Schreie ausstießen. Sie konnten nicht einmal mehr spielen.

Als wir im Januar 1945 nach Warschau zurückkehrten, war ich für das Zentralkomitee der polnischen Juden in der Targowastraße tätig.

Eines Tages ging ich mit einer Gruppe russischer Gesundheitsinspektoren los, um die Kinder aus ihren Verstecken zu holen, denn ich kannte die Adressen.

Als sie den kleinen Benio heraustrugen, fragte mich der Offizier, der ein wenig Polnisch sprach, weil er aus einer polnischen Familie namens Kryński stammte: «Das ist ein geistig zurückgebliebenes Kind, oder nicht? Es ist schwachsinnig.» Ich glaube, ich antwortete ihm überhaupt nicht. Ich schüttelte nur den Kopf, um anzudeuten, daß es eben ein weiteres Kind aus den Schlupfwinkeln sei.

Auch andere Kinder gab es, Kinder ohne Eltern. Kleine Bettler in Lumpen, die abends an den Hauswänden entlangschlichen und an Türen klopften, um ein Stück Brot zu erbetteln. Die Reaktionen waren unterschiedlich. Manchmal gab man ihnen etwas zu essen oder gar ein paar Lumpen zum Anziehen, doch oft, sehr oft wurden sie wie Tiere von den Türen verjagt. Aus Angst? Wahrscheinlich. Manchmal aber war es anders. Manchmal klopften sie an die richtige Tür. Man ließ sie ein, und dann wurden sie von Menschen guten Willens weitergereicht, bis sie schließlich bei uns landeten oder irgendwo auf dem Land oder in einem Kloster. Jene, die wir fanden, wurden in den sichersten Verstecken untergebracht, jene, die niemand fand, gingen zugrunde.

Und dann gab es die kleinen Zeitungsjungen. Das ist eine bezaubernde Erinnerung, denn die jüdischen Zeitungsjungen wurden von ihren kleinen Freunden, den Zeitungsjungen der «arischen Seite», versteckt. Nicht einmal ich wußte genau, wie ihre Verstecke aussahen. Es war irgendwo in den Ruinen an der Miodowastraße. Ihre Beschützer ließen niemanden an die Verstecke heran. Sie erklärten, sie vertrauten mir zwar, doch es sei bei weitem am besten so. Für gewöhnlich kam ich zur vereinbarten Zeit zu den Ruinen und stand dann da. Es war immer bei Einbruch der Dunkelheit. Plötzlich umschwärmten sie mich. Kleine Gestalten, die wie Ratten aus dem Schatten kamen. Sie sprachen kaum. Sie kamen einfach zu mir und erlaubten mir, sie zu berühren. Der Älteste nahm das Geld und die Süßigkeiten, die ich für sie hatte kaufen können. Und dann verschwanden sie wieder geräuschlos. Ganz wie Ratten. Ich erfuhr nie, wie oder wohin.

Sie lebten noch bis zum Warschauer Aufstand. Was dann aus ihnen wurde, weiß ich nicht.

Es gab zwei Jungen, die den Sommer in einem Unterstand im Garten eines zerstörten Hauses in Mokotów verbrachten. Wir erfuhren von ihnen im Spätherbst oder zu Anfang des Winters. Sie gingen regelmäßig zu Leuten in Mokotów, die sie mit Nahrung versahen, und wir gingen dorthin, um nach ihnen zu sehen. Es war schon fast Weihnachten, und in dem Haus stand ein Christbaum, der bis an die Decke reichte.

Die Kinder waren nicht da. Wir baten die Familie, ihnen zu sagen, falls sie erschienen, daß wir in zwei Tagen am Abend wiederkämen. Wir kamen wieder, wie wir versprochen hatten. In einer dunklen, engen Straße warteten wir auf sie. Plötzlich zerschnitt der Strahl einer Taschenlampe die Finsternis. Erschrocken sprangen wir in den Schatten – und hörten Kinderstimmen.

«Wir sind es. Bitte haben Sie keine Angst!»

Wir sahen zwei kleine Gestalten, schwarze Silhouetten vor dem weißen Schnee, zwei Straßenjungen mit einer Taschenlampe.

Wir befahlen ihnen, die Lampe sofort auszuschalten und weiterzulaufen. Wir gingen hinter ihnen her, den Blick auf ihre winzigen Schattenrisse gerichtet, die sich deutlich von dem Weiß des Schnees abhoben, während sie uns voran ins Unbekannte marschierten. An jeder Ecke blieben sie stehen und warteten auf weitere Anweisungen. Uns schlug das Herz bis zum Halse, doch dann kamen wir zu ihrem neuen Unterschlupf, der sich, glaube ich, im dritten Stock eines Hauses in der Chmielnastraße befand. Wir gelangten ohne die geringsten Probleme dorthin. Die gute, freundliche Frau Jadwiga, an deren Familiennamen ich mich leider nicht erinnere, bereitete ihnen zuerst ein heißes Bad und verbrannte alles, was sie angehabt hatten.

Wir hatten ihr Quartier zwar zu bezahlen, doch ihre Pflegemutter erwies sich als gutherzig und anständig. Die Jungen überlebten den Krieg und gingen später ins Ausland. Vorher schrieben sie ein Tagebuch. Darin schilderten sie, wie sie fast ein Jahr lang in einem Unterstand in Mokotów durchgehalten hatten, von den Bewohnern der umliegenden Häuser mit Nahrung versorgt. Zwar froren sie, waren hungrig und hatten ein wenig Angst, doch das Wichtigste in ihrer Geschichte war etwas ganz anderes. Ein Roller. Ein Roller, den sie in einem Gerümpelhaufen gefunden und mit Hilfe von etwas Draht und einer Schnur wieder flottgemacht hatten. Damit fuhren sie durch die Straßen von Mokotów und vergaßen alles, was sie über die Notwendigkeit gehört hatten, vorsichtig zu sein, bis jemand sie verriet – «Da fahren Juden auf den Straßen herum und stören die Ruhe». Also erschienen die Gendarmen, und die Jungen flohen auf ihrem Roller. Schon dachten sie, ihr Ende sei gekommen, da tauchte vor ihnen ein Stand auf, in dem eine alte Frau Äpfel verkaufte. Als sie an ihr vorbeirasten, stieß die Frau den Stand um, so daß er den Gendarmen gerade vor die Füße fiel. Die Äpfel rollten auf der Straße umher, und die alte Frau begann verzweifelt zu lamentieren.

Ein wütender Polizist drohte ihr mit der Peitsche, doch irgendwie schaffte sie es, ihm zu entkommen. Und den Jungen gelang es, ihr Versteck zu erreichen. Und aus irgendwelchen Gründen wollten die Deutschen nicht durch die dunklen Straßen von Mokotów laufen. Drei Tage lang saßen die Kinder ohne Essen und Trinken in ihrem Unterstand. Erst am vierten Tag faßten sie wieder genug Mut, ihr Versteck zu verlassen und betteln zu gehen. Einige Tage später stöberten wir sie auf. Ihr Tagebuch endet mit den Worten: «Und diese Damen brachten uns an einen schönen Platz, und es gefällt uns hier. Aber unser Roller fehlt uns, denn jetzt werden wir ihn nie mehr wiederfinden.»

Jasia war fünf Jahre alt, als ihre Mutter, eine Ärztin, im Ghetto an Fleckfieber starb. Eine Polin nahm das Kind mit nach Tschenstochau. Doch einige Monate später brachte sie es zu seiner Tante nach Warschau zurück und sagte, die Leute in ihrer Nachbarschaft hätten Verdacht geschöpft. In dem Haus, in dem die Tante als Krankenschwester arbeitete, konnte das Mädchen nicht bleiben. Frau Dr. Wierzbowska kam uns zu Hilfe. Ein Dutzend Kinder, wenn nicht mehr, verdanken dieser Frau das Leben, denn sie arrangierte es, daß sie bei einem gewissen Pater Boduen Unterschlupf fanden. Jasia ging in ein Sommerlager, während wir uns nach einer Unterkunft für sie umsahen. Wir fanden den richtigen Platz für sie bei Frau Jadwiga, über die ich bereits schrieb und die uns so tatkräftig beisprang. Doch als Jasia aus dem Sommerlager zurückkehrte und zu ihrer neuen Pflegemutter gebracht werden sollte, stellte sich heraus, daß sie sich im Lager mit Scharlach angesteckt hatte. Frau Dr. Wierzbowska, auf die wir uns jederzeit verlassen konnten, besorgte Jasia ein Bett im Krankenhaus in der Wolskastraße.

Mir hatte man die Aufgabe zugedacht, sie dorthin zu bringen. Doch als ich zu Hause wegging, merkte ich, daß ich zu spät dran war. Ich hatte keine Chance, bis zur Wolskastraße zu kommen und vor Beginn der Sperrstunde wieder in der Miodowastraße zu sein. Deshalb beschloß ich, die Kleine für die Nacht zu mir in die Miodowastraße zu nehmen. Marysia war in der Lesznostraße. Ich war also allein, und vor einer Scharlachinfektion hatte ich keine Angst.

Wir kamen in die Miodowastraße. Ich ging mit dem Kind in mein Zimmer und stellte fest, daß das Licht nicht funktionierte. Totale Finsternis. In einem Nachbarzimmer wohnte ein Elektriker.

«Warte hier einen Moment, Jasia», sagte ich, «ich gehe nur und hole jemanden, der das Licht repariert.»

Nach kurzer Zeit ging das Licht wieder an. Auf dem Bett unter dem Marienbild kniete ein kleines blondes Mädchen mit gefalteten Händen und sagte ein Gebet auf.

Während des gesamten Warschauer Aufstands blieb Jasia bei Frau Jadwiga. Später verließen sie Warschau gemeinsam; ich glaube, sie gingen nach Piaseczno.

Während dieser ganzen Zeit besuchte ich die Kleine jede Woche, und ich war mir sicher, daß sie sich in bezug auf ihre Herkunft an nichts mehr erinnerte. Schließlich war sie noch so klein. Als sie bei Jadwiga war, trat sie auch in die Klosterschule ein, wo es ihr gut gefiel.

Nach der Befreiung meinte Jadwiga, die eine außergewöhnlich ehrliche Person war, es sei ihre Pflicht, dem Kind die Wahrheit zu sagen. Sie wußte nicht, ob irgend jemand von Jasias Familie oder ihre früheren Pflegemütter den Aufstand überlebt hatten. Zwar wollte sie die Kleine bei sich behalten, doch sollte sie wissen, wer sie war.

Man kann sich Frau Jadwigas Erstaunen vorstellen, als Jasia schon nach dem ersten Satz fragte: «Also kannte Tantchen die ganze Zeit meinen wirklichen Namen?»

Um Kinder in Pater Boduens Findelhaus zu bringen, schafften wir sie zu einer verabredeten Zeit zu einem Treffpunkt im Eingang eines bestimmten Gebäudes. Dort nahm sie ein marineblauer Polizist in Empfang, der für uns arbeitete und sie im Heim abgab.

Auf diese Weise wurde Irenka dorthin gebracht. Ihre Mutter arbeitete als Dienstbotin; der Vater war im Ghetto den Soldatentod gestorben. Das Kind war alles, was der Mutter geblieben war.

Irenkas Mutter kam, um ihre Tochter zu sehen. Nachdem wir dies mit Frau Dr. Wierzbowskas Hilfe arrangiert hatten, stand ich eines Tages mit der Mutter auf der Treppe des Hauses gegenüber dem Findelhaus. An einem Fenster drüben tauchte die Gestalt einer Frau auf, die ein kleines Mädchen mit einem rosa Bändchen im Haar in den Armen hielt. Das ist alles, was mir von den Kindern in Erinnerung geblieben ist. Aber es gab andere schwierige Probleme.

19. Kapitel
Erwachsene im Versteck

Es gab die Probleme derer, die eingeschlossen oder von ihren Lieben getrennt waren, die keine Chance hatten, ihre Männer, Frauen und Kinder zu sehen, ja bisweilen nicht einmal wußten, wie es ihnen ging, denn sie waren oft weit draußen auf dem Land oder in Klöstern versteckt. Ich erinnere mich nicht an die genauen Daten. All diese Ereignisse müssen sich 1943 und 1944 zugetragen haben.

Dr. R. konnte ausgehen und sich in der Stadt frei bewegen. Ich pflegte mich auf offener Straße mit ihm zu treffen und ihm Geld zu geben. Verzweifelt flehte er mich an, ihn die Adresse seiner Frau wissen zu lassen. Ich gab sie ihm nicht, doch er erhielt sie von jemand anderem. Triumphierend berichtete er mir davon, als wir uns wieder einmal trafen. Ich bat ihn, nicht zu ihr zu gehen, um sie keiner Gefahr auszusetzen, doch er hörte nicht auf mich. Allerdings kam er auch nicht dorthin. Die Deutschen verhafteten ihn bei einer Razzia, und er starb im Pawiak-Gefängnis. Noch mehrere Monate danach überbrachte ich seiner Frau stets Grüße von ihm. Sie beklagte sich, daß ihr Mann ihr nicht mehr schrieb. Schließlich mußte ich ihr die Wahrheit sagen, denn sie hatte Verdacht geschöpft und drohte, sie werde in das Haus gehen, wo er wohnte, um nach ihm zu sehen. Sie stürzte sich auf mich und begann mich zu schlagen.

Auf der Marszałkowskastraße traf ich eines Tages Dr. W. Er war ein Arzt aus unserem Krankenhaus. Sowohl er als auch seine Frau sahen ganz und gar «arisch» aus und sprachen auch ein akzentfreies Polnisch. Sie hatten keinerlei Schwierigkeiten gehabt, eine gemeinsame Unterkunft für sich selbst und ihren fünfjährigen Sohn zu finden. Niemals brauchten sie finanzielle Hilfe, und ich hatte deshalb zu ihnen keinerlei Verbindung, bis ich ihm an jenem Tag begegnete.

Die strengen Gesetze des Untergrunds schrieben vor, daß man an Freunden, auf die man zufällig stieß, ohne ein Lächeln und ohne ein Zeichen des Wiedererkennens vorüberging. Deshalb war ich überrascht, als dieser gesetzte, stille Mann sich fast auf mich stürzte.

«Was für ein Glück! Was für ein Glück!» rief er immer wieder aufgeregt.

Es gelang mir, seinen Gefühlsausbruch zu dämpfen. Ich schlug ihm vor, in ein Café zu gehen.

Er erzählte mir, er, seine Frau und sein Sohn seien in eine schreckliche Lage geraten. Freunde ihres Vermieters hätten sie wiedererkannt. Ein unglücklicher Zufall habe es gefügt, daß er oder seine Frau einen dieser Leute vor dem Krieg ärztlich behandelt habe. Erpreßt wurden sie indes nicht. Doch die Vermieter wurden von Entsetzen gepackt, als ihnen klar wurde, daß sie eine jüdische Familie aufgenommen hatten. Sie verlangten daher, die W.s sollten so schnell wie möglich ausziehen, zumal nun ein Fremder über sie Bescheid wisse. Es stellte sich heraus, daß ihnen derartiges schon zum zweitenmal zugestoßen war. Dabei gingen ihre Geldmittel immer mehr zur Neige, und sie hatten ein Kind, von dem sie sich nicht trennen wollten.

Bevor ich Dr. W. zufällig traf, hatte seine Frau gerade einen Nervenzusammenbruch erlitten. Sie litt noch immer an schrecklichen Depressionen, und er sah keinen Ausweg. Sie dachten an gemeinsamen Selbstmord, mehr noch: Sie dachten nicht nur daran, sondern trafen Vorbereitungen dafür.

Sie beschafften sich Gift für alle drei. Und sie meinten, das Kind werde nicht begreifen, was sie vorhatten. Der Kleine sollte die erste Tasse trinken. Doch als er sie in der Hand hielt, begann er entsetzlich zu schreien.

«Mama, ich mag nicht! Ich will leben!» Und er warf die Tasse zu Boden. Die Mutter packte das Kind, riß es an sich und brach in Tränen aus.

Sie gaben den Gedanken an Freitod auf.

Sie begannen sich nach Hilfe umzusehen.

Unser Treffen sollte nun diese Hilfe bringen.

Wieder einmal erwies sich Dr. Skonieczny als Retter in der Not.

Dr. W. erhielt eine Stelle als Pförtner einer chirurgischen Praxis in der Jerozolimskieallee, wo Dr. Skonieczny einer der Ärzte war. Zu dem Posten gehörte ein kleines Zimmer beim Hauseingang, eine Art Vorkriegs-Pförtnerloge. Dr. W. und seine Familie wohnten dort bis zum Warschauer Aufstand. Sie überlebten den Krieg und wanderten später nach Schweden aus.

Diese Episode fand ein gutes Ende.

Frau Goldmanowa, Sekretärin in unserem Krankenhaus, wohnte mit ihrer zauberhaften Tochter Noemi zusammen. Wir waren entfernt verwandt miteinander, und ich besuchte die beiden ziemlich oft. Noemi, eine typisch jüdische Schönheit, hätte nie und nimmer auf die Straße gehen dürfen. Eines Tages bleichte sie ihr Haar mit Wasserstoffsuperoxyd und redete sich ein, dies müsse reichen, um ausgehen zu können. Es gelang nicht, ihr die Sache auszureden. Unsere Appelle und Beschwörungen verhallten nutzlos. Sie verließ das Haus... und kam nicht wieder. Ihre Mutter blieb allein zurück. Sie überlebte den Krieg.

Meine alte Tante, genauer: die Mutter meiner Tante, wohnte bei ihrer ehemaligen Haushaltshilfe. Ich sah mich nach einem besseren Zufluchtsort für sie um, konnte aber keinen finden. Eines Tages hörte ich, sie sei auf die Straße gegangen. Aufgrund eines unglücklichen Zufalls erreichte mich die Nachricht mit einem Tag Verspätung. Dort, wo wir uns hätten treffen sollen, fand ich sie nicht. Erst nach dem Krieg erfuhr ich, daß sie einen Freund ihres Sohnes, Eugeniusz Szwankowski, getroffen hatte, der später ein bekannter Architekt wurde. Er brachte sie in einem Krankenhaus unter, und sie starb dort eines natürlichen Todes. Doch damals dachte ich, sie sei ebenso umgekommen wie die anderen.

Sie war das letzte lebende Mitglied meiner Familie.

Auch die Nachrichten aus Majdanek erreichten uns zu spät. Ich erhielt sie von Professor Michałowicz' Frau, die dort ihren Mann besucht hatte. Es war eine Botschaft von Mietek, meinem Schwager, und seiner Frau sowie der Familie von Józef Ferszt, der im Krankenhaus in der Śliskastraße Verwalter und Laborassistent gewesen war. Es gelang uns, einen Ukrainer zu bestechen, der uns erklärte, er werde versuchen, sie freizukaufen. Doch wir kamen zu spät. Sie waren einige Tage vorher gestorben.

Andere Probleme hatten mit meinem Beruf zu tun. Schließlich war ich ja in meinem «früheren Leben» Ärztin gewesen.

Beispielsweise hatten wir die Kämpfer in den Wäldern mit medizinischer Ausrüstung und Verbandszeug zu versehen. Für gewöhnlich ging das glatt, aber einmal, im Januar 1944, gab es einen Sonderfall. Eine junge Frau war draußen schwanger geworden, und ich sollte in den Wald gehen und die Abtreibung vornehmen. Zuvor aber mußte ich die erforderlichen Instrumente besorgen. Diese bekam ich zwar, doch den Eingriff konnte ich nicht vornehmen. Ich war eben doch nur eine unerfahrene Nachwuchs-Kinderärztin. In Warschau hatte ich einen Studienfreund von der Medizinischen Fakultät, der zwei Jahre älter war als ich. Er erklärte, er wisse, wie man es macht. Er ging hin und operierte die Schwangere. Nach einigen Wochen wurde bekannt, daß die Schwangerschaft ihren normalen Verlauf nahm. Der Mann der jungen Frau fiel im Kampf, und sie selbst wurde nach Warschau gebracht. Dort fand sie Zuflucht im Haus eines Straßenbahn- oder Eisenbahnarbeiters irgendwo in der Rakowieckastraße, wo sie bis zum Warschauer Aufstand wohnte. In einer behelfsmäßigen Entbindungsstation in einem Keller in der Hożastraße brachte sie einen gesunden Jungen zur Welt und verließ die Stadt mit dem wenige Tage alten Säugling. Bei einem Bauern in der Umgebung Warschaus überlebten beide den Krieg.

Es war bereits im Frühjahr 1944. Wir wußten, daß wir nur noch eine kleine Weile durchzuhalten hatten. Doch gerade da begann unsere Lage besonders kritisch zu werden. Die Kämpfer und die Kuriermädchen waren eine Gruppe junger Leute, von denen manche noch sehr jung waren. Obwohl die Zeiten schlimm und die Daseinsbedingungen äußerst hart waren, freuten wir uns unseres Lebens, solange wir nicht Hungers starben, solange wir abends in unseren Wohnungen die Angst vergessen konnten und nicht bei jedem Schritt zittern mußten, den wir auf der Treppe hörten.

Was sich um uns herum auch abspielte – Paare fanden und verliebten sich: Antek und Celina, Kazik und Irka, Marysia und Zygmunt.

Und ich? Ich vergrub mich nicht in Trauer, als Stefan tot war. Es war, als wäre in mir etwas ausgebrannt; ich konnte nicht und wollte auch nicht darüber nachdenken, daß er sich jenem Transport angeschlossen hatte, der ihm die Freiheit bringen sollte, ihn aber geradewegs zu den Gaskammern brachte. Etwas war in mir gestorben. Für immer, wie mir schien.

Es war um jene Zeit herum, als ich von Bernard Notiz zu nehmen begann. Nein, Liebe war es nicht.

Mein Liebster war von mir gegangen in jenem Gefangenentransporter, der ihn aus dem Hotel Polski in den Tod brachte. Bernard gegenüber empfand ich große Hochachtung und Bewunderung. Er war alt. Mir jedenfalls erschien er schrecklich alt. Doch er sehnte sich so sehr danach, mit mir zusammenzusein. In seinem Versteck unter dem Fußboden, wo ich ihn zu besuchen pflegte, war er sehr unglücklich. Dabei hatte er es dort recht gut; er hatte ein Bett und einen Tisch. Trotzdem – er war eingeschlossen. Und die Eingeschlossenen und Einsamen waren stets die Unglücklichsten.

Nun, bisweilen ging Bernard sogar aus dem Haus. Er sah «gut» aus, sprach aber ein schlechtes Polnisch, und er hatte Angst. Er ging nur aus, wenn es unbedingt nötig war, beispielsweise um an wichtigen Treffen oder an Besprechungen «auf höherer Ebene» teilzunehmen; sogar an einigen Zusammenkünften in der Miodowastraße nahm er teil. Doch die meiste Zeit saß er in seinem Versteck. Eines Tages, als er ein bißchen angeheitert war, brach er sich ein Bein. Er mußte in seinem Bett unter dem Fußboden liegen, und ich kletterte über eine Leiter zu ihm hinab. Sechs lange Wochen lag er mit seinem Gipsbein da.

Etwa damals begann es. Es war, als wäre es mir einerlei. Da Stefan nicht mehr da war und Bernard es sich so sehr wünschte, mit mir zusammenzusein, dachte ich: Warum eigentlich nicht? Was für einen Unterschied macht es für mich? Ich glaubte sowieso nicht ernsthaft daran, daß es nach dem Krieg noch etwas geben könne. Und wenn, dann wäre es außerdem nicht wie zuvor.

Damals fühlte ich mich schon ziemlich alt. Zumindest schien es mir, als hätte ich bereits alles Gute im Leben genossen und alles Wichtige erfahren, so daß alles, was mir jetzt widerfuhr, bedeutungslos war.

Doch es sollte anders kommen. Sowohl mir als auch anderen standen noch harte und schwere Zeiten bevor.

Die ersten Probleme waren meine eigenen. Ich war schwanger, jedenfalls schien es mir so, da ich alle Arten einschlägiger Symptome feststellte. Und als wäre das noch nicht genug, bekam ich eine Blinddarmentzündung. Ich lag im Bett in der Miodowastraße und fühlte mich elend.

Frau Dr. Margolisowa konsultierte Dr. Marek Landsberg, der mich besuchte.

Ich erschrak, als ich ihn sah, und versank beinahe im Boden. Dr. Landsberg war der Mann jener Frau, der wir einst im Krankenhaus Sterbehilfe geleistet hatten.

Ich mußte ihm alles erzählen. Es war wie eine besonders peinliche Szene in einem Kitschfilm. Ich lag im Bett mit meiner Blinddarmentzündung, und er kniete neben dem Bett, küßte mir die Hände und erklärte, nun könne er in Frieden sterben. Und dann ging er.

Die Blinddarmentzündung bekämpften wir erfolgreich mit kalten Umschlägen. Zum Glück stellte sie sich erst 1946 wieder ein, als eine Operation kein Problem mehr war.

Doch da blieb noch das andere. Ich mußte einen Ausweg finden. Ich weiß nicht mehr, wer mir die Adresse eines «vertrauenswürdigen» Arztes genannt hatte, der bereit war, für eine riesige Summe, um die ich erst bitten mußte, eine Abtreibung vorzunehmen. Es war in keiner Weise angenehm. Schon der bloße Gedanke war gräßlich. Der Arzt verstand zwar sein Handwerk, war jedoch äußerst vulgär. Selbstverständlich führte er den Eingriff ohne Betäubung durch, und es war für mich eine schreckliche Erfahrung. Das Allerschlimmste jedoch war, daß

Bernard erfuhr, was geschehen war, weil ich mehr Geld benötigte als sonst, und wir hatten einen furchtbaren Streit.

Und was hätte ich ihm antworten sollen? Hätte ich ihm klarmachen sollen, daß wir in einer Zeit lebten, in der Kinder nicht das Recht hatten, geboren zu werden, weil sie nur geboren werden durften, um zu leben, nicht um zu sterben? Durfte ich ihm außerdem aufbürden, was ich selbst empfand? Es war schlimm genug, daß ich mehrmals darüber reden mußte und daß ich drei andere Mädchen zu dem gleichen Eingriff mitnehmen mußte, die alle drei infolgedessen niemals Kinder haben würden. Dabei konnte ich ihnen überhaupt nichts versprechen außer der Operation selbst. Für die Genesungszeit gab es keine Erleichterungen.

Doch es ging nicht anders. Denn wer wußte besser als ich, daß Kinder kein Recht hatten, geboren zu werden?

Ich hatte mir versprochen, es nie zuzulassen. Denn es schien mir, und es scheint mir bis heute so, daß alles besser ist als der Verlust eines Kindes, eines lebenden Kindes.

Bei jedem Eingriff mußte ich dabeistehen. Ich mußte den Mädchen die Hand halten und sicherstellen, daß sie nicht schrien. Ich tat es mit größtem Widerwillen, ich hasse es, an jenen Tag zu denken, aber es ging nicht anders. Außerdem erpreßten wir und der Arzt uns gegenseitig. Er erpreßte mich damit, daß er mir zu verstehen gab, er wisse, wen ich ihm da brächte, und schraubte seine Honorarforderungen entsprechend hoch. Ich dagegen erpreßte ihn mit dem Hinweis darauf, daß er illegale Operationen vornahm. Es war widerlich!

Manchmal wunderte ich mich, warum alles so plötzlich in diesem letzten Frühjahr geschah. Schließlich hatte es schon vorher Plätze und Orte gegeben, in denen sich junge Männer und Mädchen gemeinsam versteckt hielten...

Mag sein, daß diese jungen Leute in ihrer täglichen Erschöpfung Vergessen in der Liebe suchten. Vielleicht hatten sie auch einfach aufgehört, sich vorzusehen, weil ihnen schon alles gleichgültig geworden war. Warum? Ich weiß es nicht. Ich weiß nur, daß es geschah.

Es war eine sehr schwere Zeit für mich. Ich hatte niemanden, mit dem ich über diese Dinge reden konnte. Teils vielleicht wegen der «ärztlichen Schweigepflicht», obwohl das nicht ganz zutrifft, denn für jede Operation mußte ich irgendwoher Geld beschaffen, teils aber auch, weil es niemanden gab, dem ich meine unmaßgeblichen Erfahrungen aufbürden konnte.

Ich fand Hilfe. Sie kam von einer Seite, von der ich es am wenigsten erwartet hätte.

Celina und Antek waren überaus verliebt. Es war keine Kriegsromanze, sondern die Liebe fürs Leben. Sie hatten ihr erstes Kind gezeugt. Celina, die harte, männliche Celina, brach zusammen. Wie jedes andere junge Mädchen in der gleichen Situation.

Sie besuchte mich – nein, ich war es, die sie besuchte und bei ihr saß, während sie weinte. Sie weinte wie jemand, der vergessen hat, was Tränen sind.

Ich begann ihr zuzureden, ihr zu erklären, warum es sein müsse.

Ich erzählte ihr von dem Säugling, der mit einem Kissen erstickt werden mußte, von dem Kind, das starb, Gott weiß, warum, und eines Morgens tot aufgefunden wurde, und von jenem dritten Kind, das ich nicht einmal vor einer simplen Infektion der Atemwege retten konnte.

Irgendwie brachte ich es fertig, sie zu beruhigen – oder besser: sie zu überzeugen. Später, als sie zu dem Eingriff beim Arzt war, mußte ich ihr die Hand halten, aber ihr brauchte ich nicht zu sagen, sie solle nicht schreien. Denn nun war sie wieder ganz Celina, stark und hart. Während der ersten Tage danach besuchte ich sie täglich. Dies war, glaube ich, der Anfang unserer «Frauenfreundschaft».

Schließlich erzählte ich ihr alles. Wie ich nicht länger imstande war durchzuhalten und allmählich meine Kraft verlor. Denn was wir auch zu tun schienen – all diese Alltäglichkeiten wie die Verteilung von Geld, die Weitergabe von Nachrichten, die Rettung solcher, die enttarnt, «aufgeflogen» waren –, es war alles nichts. Höchstens konnte es uns noch mit Entsetzen erfüllen. Doch unablässig in das Unglück anderer verstrickt zu sein war mehr, als ich ertragen konnte. Celina half mir. Einfach indem sie mich verstand und bei mir war. Allerdings wußte ich nicht, daß mir das Allerschlimmste noch bevorstand.

Aber es kam.

Ich weiß nicht, vielleicht hätte ich mich weigern sollen. Schließlich war es keine Aufgabe für eine Ärztin. Außer daß sich sonst niemand darauf verstand. Damals war kein anderer Arzt bei uns. Und deshalb konnte ich mit niemandem darüber sprechen, niemandem sagen, daß ich lieber sterben wollte, als dies zu tun. Ich wäre leichter selbst gestorben, als an einer Geisteskranken Euthanasie durchzuführen.

Sie rannte auf die Straße hinaus und schrie laut auf jiddisch.

Sie war eine lebensgefährliche Bedrohung für die Hausbesitzer, aber auch für ein halbes Dutzend junger Leute, die sich in dem Haus verborgen hielten, unter ihnen ihre eigene Tochter.

Aber ich konnte es doch nicht tun!

Und doch tat ich es. Die Tochter bat mich darum.

Aber ich möchte nicht weiterschreiben. Keinen Satz mehr. Über nichts mehr.

Wir wissen, Bruder –
Ein Sturm zerfetzt die Nacht, Bäume rauschen,
Du verbirgst dein Gesicht in den Händen,
An deine Fenster, deine Türen klopfen Geister,
All deine Lieben sind umgekommen –
Du überlebst als einziger.

Wir wissen –
Der Wein in deiner zitternden Hand
Rötet das weiße Laken auf dem Tisch.
So kommt der Brief von deiner toten Liebsten,
Er sendet dir des Herbstes Blut.

Wir wissen –
Nachts bleibst du wach am Radio
Und hörst nur Wellen brechen mit leerem Stöhnen
Doch aberwitzig hoffst du weiter –
«Vielleicht daß sie ja leben, irgendwo.»

Dann –
Du reißt dein eig'nes Herz in Stücke
Und schickst sie blutend heim nach Polen
In Dutzenden von Briefen, weiß und zitternd.

Wir wissen, Freund,
Wir wissen –
Dein Herz findet zu uns auch übers Meer,
Zu lodern mit den unsren bei dem Leichenbrand.

Hör uns –
Rauchende Trümmer sind unsre letzte Festung,
Doch wenn ein schlagend' Herz gerettet wird,
So schlagen in ihm Herzen von Millionen,

Die ew'ge Flamme brennt, der Geist, er lebt!
Über des Ghettos Trümmern,
Über Treblinka und Aleje Szucha,
Über den Schloten der Todeskammern
Steigt dieses Geistes Opferrauch empor!

Weine nicht, Bruder –
Verbirg nicht dein Gesicht in den Händen,
Glaub uns: Der Tod ist nicht so hart.
Und wisse, daß unser Leichenbrand
Zum Morgenrot der Freiheit werden wird!

ADINA BLADY SZWAJGIER
(1943)

Statt eines Epilogs

Als ich die letzte Seite meiner Lebenserinnerungen beendet hatte, wandte ich mich zum Anfang zurück. Ich las die Seiten durch – und plötzlich wurde mir klar, daß etwas nicht stimmte.

Eigentlich hatte ich Zeugnis ablegen wollen von dem, was damals geschehen war, doch hatte ich mich dabei sehr ungeschickt angestellt.

In den letzten fünfundvierzig Jahren hat sich die Welt verändert. Neue Generationen sind herangewachsen, und all das, was geschah, ist in den Nebeln der Geschichte oder gar der Vorgeschichte entschwunden.

Alles hat sich geändert. Nicht einmal die Straßen, über die ich schrieb, sind auf neueren Stadtplänen Warschaus noch zu finden. So vieles von dem, was ich schrieb, ist nicht mehr klar und verständlich. Nur ein einziger Mann hier in Polen* und einige Dutzend weitere – vielleicht auch etwas mehr – auf der ganzen Welt verstehen noch, was ich meine, und wissen, wovon ich berichte.

Doch auf diese kommt es nicht an. Wir haben die Grenzen des Schattenreiches überschritten und gehen dahin, einer nach dem anderen. Die Jungen bleiben zurück. Es wäre gut, wenn von jenen Jahren etwas für sie übrigbliebe. Und deshalb müssen wir auch erläutern, dürfen uns nicht nur erinnern. Ich weiß nicht, ob ich dazu in der Lage bin. Ich bin weder berufsmäßige Schriftstellerin noch Chronistin. Dennoch muß ich es versuchen – versuchen, das, woran ich mich erinnere, in den geschichtlichen Zusammenhang einzuordnen.

Die erste größere Ausrottungswelle im Warschauer Ghetto dauerte vom 22. Juli bis zum 8. August 1942. An den letz-

---

* Gemeint ist Marek Edelman.

ten vier Tagen gab es die Endselektion in dem von Miła-, Zamenhof-, Gęsia- und Smoczastraße begrenzten Häuserviertel, dem sogenannten Kessel. Alle, die am Leben geblieben waren, wurden in diesem Gebiet zusammengepfercht, und die einzigen, die es verlassen durften, waren jene, die «Überlebensbillette» erhalten hatten: kleine weiße Karten mit einem Stempel, die man an seiner Kleidung befestigen mußte. Ich weiß nicht, wer diese Karten an diejenigen ausgab, die für die Deutschen arbeiteten. Doch die Karten für die Mitarbeiter der jüdischen Gemeinde, des Krankenhauses und so weiter gaben die Deutschen dem Judenrat*, so daß die Juden selbst zu entscheiden hatten, wer überleben durfte.

In unserem Krankenhaus hatte Frau Dr. Braude-Hellerowa, die Chefärztin, die Karten auszugeben. Sie wollte aber nicht, und wir mußten sie beinahe dazu zwingen. Doch wenn wir glaubten, alle, die über derartige «Billette» verfügten, könnten dem «Kessel» entrinnen, hatten wir uns geirrt. Die Deutschen zählten jeweils vier Personen beim Hinausgehen ab, und irgendwann hieß es «Halt!» Alle, die noch nicht abgezählt waren, kamen in die Waggons, ob mit, ob ohne «Billette». Dennoch gab es viele «Illegale», nämlich die Leute ohne Arbeit, die in der Menge, sowie einige Kinder, die in Bündeln, Kartoffelsäcken und Koffern hinausgeschmuggelt wurden.

Insgesamt blieben etwas mehr als die offiziellen 40 000 Ghettobewohner übrig – vielleicht 50 000.

Doch auch diejenigen, die vorerst gerettet waren, führten kein normales Leben.

Vor allem konnte niemand in dem Haus bleiben, in dem er bisher gewohnt hatte. Man erhielt sein «Billett» für den jeweiligen Arbeitsplatz. Nur die Straßen, in denen sich Fabriken, Büros oder das Krankenhaus befanden, waren bewohnt; das gesamte übrige Ghetto war «totes Gelände». Doch selbst die bewohnten Straßen waren tagsüber leer, denn von der Morgen- bis zur Abenddämmerung war es verboten, sich auf der Straße zu bewegen. Die Deutschen schossen auf jeden, der auf der Straße herumlief. Schließ-

*Judenrat. Ein «Ältestenrat» aus Juden, der das Ghetto verwaltete.

lich waren die Überlebenden ja allesamt Arbeiter, und als solche hatten sie tagsüber zu arbeiten, nicht auf den Straßen herumzugehen. Deshalb waren die Straßen leer. Allenfalls schlich manchmal eine in Lumpen gehüllte Elendsgestalt an den Häuserwänden entlang. Jeder mußte sich seine Lebensmittelzuteilung in den Läden abholen. Einen halben Laib Brot für vier Tage, etwa zwanzig Gramm Marmelade oder Kunsthonig. Um ein paar Kartoffeln oder etwas Fett zu kaufen, mußte man sich nach anderen Quellen umtun.

Gelegentlich fuhr ein Karren mit «Stinkern» durch die Straßen, fürchterlich übelriechendem Fisch, aus dem wir Suppe kochten. Ferner gab es einen «Pferdemetzgerstand», doch wurde dort kein Fleisch, sondern lediglich Blut verkauft. Wir überbrühten das Blut mit kochendem Wasser, und wenn es klumpte, zerschnitten wir die Masse in Stückchen, die wir dann dünsteten. Es erinnerte an Lunge. In der Abenddämmerung füllten sich die Straßen ein wenig. Wer nicht unbedingt hinausmußte, blieb im Haus, doch manche mußten sich etwas Geld beschaffen, um leben zu können. Auf dem schwarzen Mark kostete ein Laib Brot fünfzehn Złoty. Woher kam der schwarze Markt? Nun – natürlich vom Schmuggel. Und dieser? Es gab zwei Wege. Entweder warf man Dinge einfach über die Ghettomauer, oder aber die «Außenarbeiter» – jene, die draußen arbeiteten – brachten die Ware mit. Die Schmuggler verdienten eine Menge Geld. Ihre Arbeit war etwas für Blutsauger und riskant, deshalb mußte sie wenigstens etwas einbringen. All jene im Ghetto, die Ware von draußen empfingen, besonders die «Außenarbeiter», verdienten eine Menge.

Als «Außenarbeiter» bezeichneten wir jene Juden, die unter Bewachung das Ghetto verließen, um in Fabriken auf der «arischen Seite», also jenseits der Ghettomauern, zu arbeiten. Auf Arbeit hatten sie Gelegenheit, Brot, Kartoffeln, manchmal ein aus den Dörfern hereingeschmuggeltes Stück Fleisch zu kaufen und ins Ghetto zu bringen. Selbstverständlich mußten auch sie einen hohen Preis zahlen, denn die Händler, die dorthin kamen, wo Juden arbeiteten, riskierten Peitschenhiebe oder, wenn die Wachleute schlechter Laune waren, gar eine Kugel. Also mußte ihr Einsatz sich lohnen!

Bevor ein geschmuggeltes Stück Brot oder ein Kilo Kartoffeln den Endabnehmer erreichte, hatten schon mehrere Mittelsleute daran verdient: die Schmuggler beiderseits der Mauer oder die «Außenarbeiter» und die «Großhändler» (die gleich fünf Kilo Kartoffeln oder mehrere Brote erwarben, manchmal ein Kilo Zucker, Mehl, Getreide oder sogar ein paar Gramm Fett).

Nun erhebt sich die Frage: Woher hatten die Leute das Geld für derartige Geschäfte? Natürlich erfolgte der Schmuggel in beiden Richtungen. Alles, was die Leute im Ghetto entbehren konnten – Kleider, Schmuck – wurde in Zahlung gegeben und von den «Außenarbeitern» auf die «arische Seite» gebracht, wo die gleichen Blutsauger, die Handel «in Judenware» trieben, mit offenen Taschen Spalier standen, um für ein paar Groszy die kläglichen Reste der Habe jener aufzukaufen, die zum Tod verurteilt waren.

Die Angestellten des Krankenhauses wohnten in einem Mietwohnungsblock in der Gęsiastraße 6, in derselben Straße, in der sich das Krankenhaus befand. In unserer Wohnung im dritten Stock hausten elf Personen in drei Räumen mit einer Küche. Zu ihnen gehörten meine engsten Freundinnen aus dem Krankenhaus und einige ihrer Familienmitglieder – Frau Dr. Margolisowa und ihre Tochter, Dr. Hela Keilson und ihre Eltern, Marek und ich, außerdem Stasia (Ryfka) und ihr junger Mann, Welwł Rozowski, sowie Alik Zarchi, der jüngere Bruder einer meiner Studienfreundinnen von der Medizinischen Fakultät, die mit ihren Eltern in der ersten Ausrottungswelle umgekommen war. Es gelang mir, diesen Jungen hinüber auf die «arische Seite» zu bringen, wo seine Eltern ihre Möbel und ihr Geld bei Freunden gelassen hatten. Später erfuhr ich, daß diese Leute den Jungen ganz und gar vernachlässigt hatten. Er vagabundierte durch die Straßen, bis er schließlich wieder im Ghetto landete, wo er starb.

Wir lebten wie alle anderen, außer daß wir nichts zu verkaufen hatten. Anfangs verfügten Dola Keilson und Marysia (Bronka Feinmesser) noch über Pässe und brachten uns von Zeit zu Zeit Lebensmittel, die wir gegen Brot eintauschten. Später kam gelegentlich auch Dr. Skonieczny, der Dekan des Krankenhauses, doch irgendwann Anfang November nahmen sie auch ihm den Paß weg.

Ein wenig Geld konnten wir uns beschaffen, indem wir Devisen umtauschten, Fünfrubelmünzen, die ich im Auftrag meiner Tante verkaufte. Eine Münze brachte uns fünfzig Złoty, genug für drei Laibe Brot. Ich lernte es, die Laibe so aufzuteilen, daß die Portionen genau gleich waren. Bis auf den heutigen Tag habe ich am rechten Zeigefinger die Spuren von diesem Brotschneiden. Ryfka, die nicht arbeiten ging, kochte für uns. Tatsächlich führte sie uns mit ihrer Organisationsgabe und ihrer Selbstbeherrschung regelrecht den Haushalt.

Eingeengt fühlten wir uns nicht. Jeder hatte einen Platz, um sich hinzulegen, und in der Küche konnten wir warmes Wasser zubereiten und uns waschen. So lebten wir «im Luxus».

In den wenigen Monaten zwischen dem Ende der ersten Ausrottungswelle und dem Beginn der zweiten im Januar entstand die ŻOB, die Jüdische Kampforganisation. Marek war ihr zweithöchster Anführer, und Welwł war ein Kämpfer. Von Anfang an war klar, daß die ŻOB nunmehr bestimmte, was zu geschehen hatte. Wir hatten zu gehorchen – und mußten uns um die Kämpfer Sorgen machen. Denn sie waren unentwegt in ihren wichtigen Angelegenheiten außer Haus, und wir ängstigten uns zu Tode, weil sie vielleicht nicht wiederkämen. Schließlich schossen die deutschen Soldaten in den Straßen auf Menschen, als wären es Spatzen.

Auch Besuch erhielten wir in unserer Wohnung. Abrasza Blum kam, aber auch andere. Manchmal blieben die Besucher über Nacht. Dann sprachen wir miteinander oder lasen gemeinsam. Manchmal vergaßen wir sogar die Angst. Und trotz der Angst war die Atmosphäre in unserem Haus wahrscheinlich besser als anderswo. Wenn man an Kampf denkt, ist das ganz anders, als nur Todesangst zu haben oder auf die Hilfe anderer zu hoffen.

Insgesamt ließen sich die Menschen im Ghetto in drei Gruppen unterteilen: die wenigen, die sich auf bewaffneten Widerstand vorbereiteten; jene, die jegliche Hoffnung aufgegeben hatten (und das waren die meisten); und diejenigen, die nach Wegen suchten, sich und ihre Familien zu retten. Wer auf der «arischen Seite» Freunde hatte oder über viel Geld verfügte, suchte nach Möglichkeiten, dem Ghetto zu entkommen. Andere bauten sich Verstecke in Kellern, wo sie überleben zu können hofften. Von ihnen gab es jedoch sehr wenige; die allermeisten waren darauf aus, sich auf der «arischen Seite» zu verstecken.

Hierfür benötigte man ein paar echte Freunde und Unsummen von Geld. Zuerst mußte man den Vorarbeiter der «Außenarbeiter» bezahlen, jenen Mann, der den jeweiligen «Arbeitstrupp» anführte und mit ihm auf die «arische Seite» ging, damit man zusammen mit diesen Leuten das Ghetto verlassen konnte. Das erforderte hohe Beträge, denn auch die Gendarmen an der Wache mußten bestochen werden, damit sie die Papiere der Hinausgehenden nur oberflächlich inspizierten. Hatte man das Tor passiert, mußte man geschickt die Armbinde mit dem Davidsstern vom Ärmel ziehen und sich unter die Menge mischen. Das war gar nicht so leicht, denn um das Tor drängte sich eine Schar von Leuten, die auf eine Gelegenheit lauerten, den «Außenarbeitern» etwas Billiges abzujagen, sowie Erpresser, die nur darauf warteten, einem das letzte Geld aus der Tasche zu ziehen oder von den Deutschen für die Auslieferung von Juden ausgesetzte Prämien zu ergattern. Oft geschah es, daß Menschen, die es geschafft hatten, durch das Tor zu kommen, gleich hinter der Mauer um alles gebracht wurden, was sie besaßen, so daß ihnen nichts anderes übrigblieb, als umzukehren und im Ghetto auf den Tod zu warten. Ohne Geld hatten sie auf der «arischen Seite» nicht die geringste Chance.

Doch selbst mit Geld war es schwierig.

Das ganze Elend derer, die dem Ghetto entkamen, läßt sich in einem Wort zusammenfassen: Angst!

Nicht viele hatten auf der anderen Seite echte Freunde, die ihnen in jenen schlimmsten ersten Stunden helfen konnten, wenn es galt, die Haut zu wechseln. Man mußte ja nicht nur den Staub des erbärmlichen Strohsacks von sich abschütteln, sondern sich auch den Ausdruck des Entsetzens und der Verzweiflung aus dem Gesicht wischen. Man mußte lernen, sich wie andere zu benehmen, normal durch die Straßen zu gehen, nicht ängstlich an den Hauswänden entlangzuschleichen, nicht wegzurennen, wenn man einen Deutschen sah, sich aber zu verstecken, wenn man einem Bekannten von früher begegnete. Denn man wußte nie, wie sich die «Bekanntschaft» verhalten würde, mit der man vielleicht früher auf der Straße oder in einem Café aufs persönlichste geschwatzt hatte. Vielleicht war es ein Mensch, der gern seine Hand ausstrecken würde, um einem zu helfen – solche gab es auch. Er konnte wenigstens so anständig sein, über ein vormals vertrautes Gesicht hinwegzusehen, was bedeutet hätte: Ich kenne dich nicht, ich möchte nicht wissen, daß du hier bist, und ich werde mit niemandem darüber reden.

Es gab aber auch diejenigen, die mit den Worten «Komm mit, Jude!» auf einen zustürzten und einen geradewegs zu den Deutschen schleppten, und jene, die einen mit der Aufforderung «Geld her, wenn ich schweigen soll!» bis aufs Hemd ausplünderten. Dies alles geschah und versetzte einen in Angst und Schrecken.

Schrecken auf der Straße und Schrecken zu Hause. Auch in den Verstecken, für die wir alles ausgegeben hatten, was wir hatten ersparen können, denn jeder, der einem Juden einen Winkel überließ, setzte sein Leben aufs Spiel. Er hatte Anspruch auf Gegenleistung. Manche Vermieter begnügten sich mit der bescheidenen Unterhaltszahlung, die ihnen zustand. Um einen Menschen zu versorgen, den man versteckt hielt, mußte man zusätzliche Einkäufe tätigen, manchmal in abgelegenen Läden, damit kein Verdacht geweckt wurde. Hinzu kamen Schwierigkeiten mit Waschen und Hygiene. Auch war jeder nähere Kontakt mit Nachbarn zu vermeiden, erst recht das Verlassen der Wohnung für eine längere Zeitspanne, damit nicht plötzlich Geräusche aus vermeintlich leeren Räumen Verdacht erregten. All dies machte es unmöglich, daß der Vermieter irgendeiner Erwerbstätigkeit nachging; er mußte etwas bekommen, um davon leben zu können.

So mancher Gastgeber glaubte, Juden hätten Geld im Überfluß, und er werde für die Schwierigkeiten und Risiken, die er auf sich nahm, mit Luxusleistungen entschädigt! Leute, die so dachten, waren doppelt gefährlich. Wenn das Geld ausging, kannten sie keine Gnade.

«Auf die Straße mit dir. Niemand nimmt Risiken für nichts auf sich!»

Und im übrigen waren da neugierige Nachbarn, die nur allzugern wissen wollten, wer «bei denen im dritten Stock» eingezogen war, und hinter vorgehaltener Hand flüsterten: «Dieser Vetter vom Lande sieht aber sehr jüdisch aus.» Solche Redereien lockten entweder Erpresser an oder bewirkten, daß eines Tages die übrigen Hausbewohner von dem Wohnungsinhaber verlangten, er müsse «dieser Jüdin mitteilen, sie solle ausziehen, denn wir haben ebenfalls Kinder und möchten unser Leben nicht aufs Spiel setzen». Dann half kein noch so guter Wille der Gastgeber. Man mußte ein anderes Versteck finden. Die Ironie des Schicksals wollte es, daß diejenigen am sichersten waren, die sich wegen ihres typisch jüdischen Aussehens gar nicht auf die Straße hinaustrauten und es nicht einmal wagten, sich im Haus zu bewegen. Versteckt in genialen Schlupflöchern, in verschlossenen Käfigen, wo sie nie ans Fenster gingen, in Strümpfen umherschleichend oder den ganzen Tag im Bett liegend, hatten sie durchaus die Chance zu überleben – sofern sie nicht wahnsinnig wurden und ihre Geldmittel hinreichten.

Im Vergleich zu ihnen galten die «Gutaussehenden» als glücklich. Sie konnten hinaus auf die Straße gehen, konnten alles Nötige einkaufen, und einige von ihnen hatten sogar Arbeitsplätze. Doch in Wahrheit waren sie jeden Augenblick in Gefahr. Vor allem waren sie der gleichen Angst unterworfen wie alle anderen Einwohner Warschaus. Niemand, weder Pole noch Jude, wußte, wenn er seine Wohnung verließ, ob er je zurückkäme. Jeden Augenblick konnte es geschehen, daß Gefangenentransporter auf der Bildfläche erschienen, die Straße abgesperrt wurde und man alle Fußgänger in die Wagen trieb, die sie in die Gefängnisse in der Skaryszewska- oder der Gęsiastraße brachten, von wo aus sie dann zur Zwangsarbeit nach Deutschland verschleppt wurden. Die Fahrt konnte aber auch zum Pawiak-Gefängnis gehen, und das bedeutete entweder

Hinrichtung oder Abschiebung in die Lager. Solches geschah besonders dann, wenn die im Untergrund tätige Widerstandsbewegung einen Sabotageakt verübt hatte.

Davon abgesehen gab es gewisse Unterschiede. Wurde ein Pole bei einer ganz normalen Razzia verhaftet, die der Zwangsrekrutierung von Arbeitskräften diente, konnte er heil aus der Sache herauskommen, sofern er über einen guten Ausweis – etwa einen Beschäftigungsausweis – oder über genügend Geld verfügte, um die Gendarmen zu bestechen. Wurde jedoch ein Jude ergriffen, hatte er fast keine Chance, besonders als Mann. Seine Papiere stellten sich in der Regel bald als gefälscht heraus. Außerdem wurden die Gefangenen ärztlich untersucht, bevor man sie nach Deutschland schickte. In den Gefängnissen in der Pawia- und der Gęsiastraße gab es Ärzte, die, selbst inhaftiert, jüdische Männer bewußt zu identifizieren versäumten. Es gab aber auch solche, die alle Beschnittenen pflichtschuldigst zur Meldung brachten. Diese wurden unverzüglich hingerichtet.

Papiere waren wichtig, sehr wichtig, damit man nicht bei einer zufälligen Ausweiskontrolle verhaftet wurde, wie sie jederzeit überall stattfinden konnte: auf offener Straße, im Laden, in der Straßenbahn. Jeder Pole hatte zum Nachweis seiner Identität eine Kennkarte bei sich zu tragen. Unsere Kennkarten waren selbstverständlich gefälscht. Wir hatten sie uns teils von Untergrundorganisationen beschafft, teils von Fälschern gekauft, welche die Herstellung als lukratives Geschäft betrieben. Nur sehr wenige Leute besaßen wirklich «gute» Papiere. Das waren jene, denen es gelungen war, an die amtlichen Geburtsurkunden Verstorbener heranzukommen und sich auf dieser Grundlage echte Ausweis- und Meldepapiere zu besorgen. Eine unserer wichtigsten Aufgaben als Kurierfrauen für die ŻOB war die, Menschen, die sich verborgen hielten, mit Papieren zu versorgen.

Hundertmal größer als die Gefahr, bei einer zufälligen Razzia verhaftet zu werden, war die Bedrohung durch Erpresser, die einen Juden in der Menschenmenge «witterten», sich auf ihn stürzten und von ihm Geld verlangten. Und wenn er kein Geld hatte – nun, dann zahlten die Deutschen eine Kopfprämie für jeden Juden, den man ihnen auslieferte.

Wie die Erpresser an die Adressen der Juden herankamen, die sich versteckt hielten, werden wir nie erfahren. Doch sie kamen immer wieder zu den Wohnungen und nahmen den Menschen alles – bis zum letzten Ring. Tauchten in einer Wohnung Erpresser auf, war dies die allergrößte Katastrophe, denn auf die erste Erpressung würden weitere folgen, bis die hilflosen Opfer, all ihrer Habe beraubt, den «zuständigen Behörden» überstellt würden.

Deshalb bedeutete das Auftauchen von Erpressern – sofern man sie beim erstenmal wieder loswurde –, daß man unmittelbar danach die Wohnung wechseln sowie neue Ausweis- und Meldepapiere beschaffen mußte. Man nannte dies das «Abbrennen» eines Verstecks – für den Betroffenen war es wirklich eine Feuersbrunst.

Das Leben dieser vermeintlich geretteten Menschen war in Wirklichkeit ein einziger Alptraum. Deshalb braucht man sich nicht zu wundern, daß so viele auf das entsetzliche Täuschungsmanöver namens Hotel Polski hereinfielen.

Dieser Plan war entstanden, weil Juden, die Bürger neutraler Staaten waren, theoretisch vor der Vernichtungsgefahr sicher waren. Als die Welt schließlich zu begreifen begann, was vorging, fingen Familien in Übersee an, ihren Verwandten in Polen Bürgerschaftsurkunden zu senden, meistens solche aus südamerikanischen Staaten. Doch die Dokumente trafen zu spät ein; jene, für die sie bestimmt waren, waren schon lange ums Leben gekommen. Da verfielen die Deutschen auf die teuflische Idee, diese Urkunden durch Vermittlung der Jüdischen Gestapo an Juden zu verkaufen, die noch lebten und sich versteckt hielten. Diese «ausländischen Staatsbürger» sollten Polen offiziell verlassen, zunächst in die Schweiz gebracht werden und von dort in die entsprechenden Länder weiterreisen. Tatsächlich ging der erste Transport in ein Lager in der Schweiz, und von dort trafen auch Briefe ein. Uns fiel jedoch nicht auf, daß nur eine kleine Gruppe wirklicher Staatsbürger der USA und, ich glaube, Portugals ihren Bestimmungsort erreichte, während der Rest das Schicksal jener Juden teilte, die in Polen zurückgeblieben waren.

Doch davon, wie gesagt, wußten wir nichts. Als sich die Nachricht verbreitete, es sei eine zweite Abschiebung von Ausländern geplant – für die Dokumente wurden Unsummen verlangt –, ließen sich viele, die von ihrem Leben auf dem Vulkan völlig entnervt waren, täuschen und meldeten sich freiwillig zur Teilnahme an dem Transport, für den sie anderer Leute Papiere kauften.

Diese «ausländischen Staatsbürger» hatten sich im Warschauer Hotel Polski in der Długastraße einzufinden, und nachdem man sie dort einige Tage lang durch gute Behandlung in Sicherheit gewiegt hatte, wurden sie nach Auschwitz verschleppt.

So sah das Leben derer aus, die dem Ghetto entronnen waren und auf der «arischen Seite» lebten. Nein, ich habe nichts vergessen.

Nicht Żegota.

Nicht den guten Willen so mancher einfachen Leute.

Nicht die «Gerechten unter den Völkern»*.

Nicht jene, die im Bewußtsein dessen, was sie taten, ihr Leben einsetzten, um Menschen zu retten, denen keinerlei Gesetz mehr Schutz gewährte.

In jener Zeit der Menschenverachtung gab es überhaupt kein Gesetz mehr, für wen auch immer. Ich erinnere mich all jener, die wußten, daß wir alle von ein und derselben Erde stammen, und das Wort beherzigten: «Wer einen Menschen rettet, rettet die ganze Welt.» In meiner Erinnerung nehmen sie mehr Platz ein als die Bösen. Sie haben sich meinem Gedächtnis besser eingeprägt, und ich werde mich ihrer stets erinnern, wogegen die anderen namenlos geblieben sind und es auch verdienen, vergessen zu sein. Stets gedenke ich derer, die mir nahestanden und mir bis zum heutigen Tag am nächsten sind.

Soviel Liebe ich zu geben und soviel Hochachtung ich aufzubringen vermag, es würde nie ausreichen, um es Marysia Sawicka zu vergelten, daß sie die Wohnung deckte, in der zwei Angehörige des ŻOB-Stabes sowie mehrere Kämpfer Obdach fanden. Sie ist unsere engste

* «Gerechte unter den Völkern». Die biblische Formulierung bezieht sich hier auf nichtjüdische Polen, die den Juden in der Verfolgungszeit halfen.

Freundin geblieben. Auch ihre verstorbene Schwester, Anna Węchalska, werden wir nie vergessen. Ebensowenig vergessen werden wir den verstorbenen Henryk Woliński (Wacław), den Vertreter der Exilregierungskommission und Leiter von deren jüdischer Abteilung; nie werden wir ihm für seine Fürsorge und seine Freundschaft genug danken können. Vergessen werden wir auch nicht Frau Professor Prokopowicz-Wierzbowska, die uns so viele Kinder retten half, Professor Kacprzak, der uns bei der Rettung von Akademikern unterstützte, und viele andere…

Und es gab viele andere. Viele sind tot, aber wohl jeder, der gerettet wurde, hat jemanden, an den er mit Hochachtung und Liebe denkt.

Doch die Straße hatte ein grausames Gesicht. Fremd, gleichgültig, aber manchmal maliziös lächelnd.

Die Besten konnten damit umgehen – die Widerstandsbewegung pflegte Erpresser, Provokateure und Verräter zum Tod zu verurteilen. Doch es gab auch andere Gruppen im Untergrund – Partisanen, die jüdische Kämpfer in den Wäldern angriffen, nachdem diese das Ghetto verlassen hatten. Viele kamen ums Leben. Die Ausstellung von Geleitbriefen durch das AK-Oberkommando, mit denen die ŻOB-Kämpfer als der Heimatarmee zugehörend anerkannt wurden, zog sich dermaßen lange hin, daß wir unsere Leute aus den Wäldern zurückrufen mußten.

In der Regel bekamen bettelnde Kinder von den Leuten zu essen. Doch es kam auch vor, daß diese Kinder geradewegs den Deutschen ausgeliefert wurden – und damit dem Tod. Es war sehr schwierig, ihnen zu helfen.

Die Untergrundpresse verbreitete Czesław Miłosz' Gedicht « Campo dei Fiori».

Auf dem «Blumenplatz» zu Rom hatte einst die Menge gelacht und getanzt, während Giordano Bruno auf dem Scheiterhaufen verbrannt wurde.

Auf dem Krasińskiplatz in Warschau, vor den Mauern des brennenden Ghettos, drehte sich an jenem schrecklichen Osterfest des Jahres 1943 ein Karussell. Heitere Musik erklang, und die Menschen amüsierten sich.

Das ist der Grund, weshalb ich den Teil meiner Erinnerungen, der vom Ghettoaufstand handelt, «Campo dei Fiori» überschrieben habe.

Denn ich stand bei jenem Karussell, ich sah, was sich hinter den Mauern abspielte, und ich sah jene auf dem Karussell.

Und auch ich lächelte.

Aber ich möchte nie wieder so lächeln wie damals.

Jemand fragte mich: «Wie war die Reaktion dieser Leute auf dem Krasińskieplatz?» Und: «Was konnten Sie sehen?» Natürlich wußte ich es nicht. Denn meine Augen waren trocken, aber blind. Ich sah unser Haus brennen – gleich hinter der Mauer –, aber das war nicht am ersten Tag. Ich hörte Schüsse, Explosionen. Aber wo? Wann? Dort? Oder hinter der Mauer in der Muranowskastraße? Es ist alles wie ein einziger Tag und ein einziges Bild, ein einziges furchtbares Krachen von einstürzenden, brennenden Häusern und von Schüssen – ein einziges Höllenbild.

Ich weiß nur noch, daß man später erzählte, es habe da zwei Fahnen gegeben, eine weißrote und eine mit dem Davidsstern. Und ein Schild sei dagewesen mit der Aufschrift «Für unsere und eure Freiheit». Doch ich sah nichts davon.

Und die Menschen? Auf dem Krasińskieplatz und auf den Straßen überhaupt? Für mich hatten sie alle nur ein Gesicht. Ein leeres Gesicht. Denn alles war weit weg. Hinter der Mauer. Es betraf sie einfach nicht. So, wie es uns nicht wirklich betrifft, wenn Kinder in Biafra, Äthiopien oder Indien vor Hunger sterben.

Doch ich erinnere mich an das Lachen von Kindern. Denn sie spielten und fuhren auf dem Karussell. Und die Musik spielte dazu.

Auch andere Fragen wurden gestellt.

Zum Beispiel: Warum sprach Michał Klepfisz, als wir uns an der Mauer trennten, von Lodzia und Irenka? Weil es seine Frau und seine Tochter waren. Vielleicht wußte er, daß er nicht zurückkehren würde. Ich weiß es nicht. Aber sie überlebten.

Weiter: Was geschah am 10. Mai 1943? Warum standen da Lastwagen in der Prostastraße? Ich dachte, jeder wüßte das. Daß Kazik mit den Kanalarbeitern durch die Abwasserkanäle ins Ghetto gelangt war und die überlebenden ŻOB-Kommandanten und -Kämpfer herausgeführt hatte. Sie kamen voll bewaffnet durch den Kanalisationsausgang in der Prostastraße ins Freie, stiegen in die bereitgestellten Lastwagen und fuhren hinaus in die Wälder.

Und Krzaczek war ein junger Mann aus dem polnischen Untergrund, ich glaube, von der AL (der Volksarmee), der die Verbindung zwischen uns und unseren Helfern hielt. Er hatte die Lastwagen beschafft. Die Kanalarbeiter waren die übelsten Erpresser, doch hatte man ihnen angedroht, wenn sie jemanden verrieten, würde die Untergrundbewegung sie zum Tod verurteilen. Und so gingen sie mit.

Eine andere Frage lautete: Gab es auch tragikomische Augenblicke?

Ja, dieser Aspekt fehlt in meinen Erinnerungen. Selbst in den größten Tragödien gibt es oft etwas zu lachen. So war es einmal, als wir in der Miodowastraße wohnten. Antek (Icchak Cukierman) war gekommen, um bei uns zu übernachten. Ich weiß nicht mehr, warum; aber das spielt auch keine Rolle. Es kam ziemlich oft vor. Er schlief auf einer Matratze auf dem Fußboden.

Um sieben Uhr klopfte es plötzlich an der Tür. Wir überlegten einen Augenblick – und schoben die Matratze unter das Bett. Marysia stand auf und warf sich den Morgenmantel über; Antek sprang ins Bett und nahm ihren Platz an der Wand ein, den Kopf unter das Kissen gesteckt, die Bettdecke über sich gezogen. Ich blieb daneben liegen, als wäre ich allein im Bett.

Herein kam Herr Trediakowski, der Mann, der uns mit Papieren versah. Er war ein lustiger und vertrauenswürdiger Mann. Doch es ist immer besser, nicht allzuviel zu wissen. Herr Trediakowski saß mit Marysia am Tisch, ich lag im Bett – und wir redeten miteinander. Plötzlich fing er an zu lachen. Er konnte vor Lachen nicht an sich halten. Wir blickten ihn an, und er sagte zu mir: «Sind deine Beine größer geworden, he?» Denn Antek war groß, und seine riesigen, bestrumpften Füße ragten unter der Bettdecke vor.

Und in Międzylesie sprang Celek während eines

falschen Alarms einmal halbnackt aus dem Fenster – und landete in den Himbeeren.

Und so ist mir klar, daß ich nach fünfundvierzig Jahren nicht imstande war, einen «Bericht» über jene Jahre zu schreiben. Es sind lediglich meine eigenen, bruchstückhaften, unvollständigen und sehr persönlichen Erinnerungen, die ich zu Papier brachte.

Doch ich wollte, daß die Menschen künftig wissen sollten, daß die ŻOB nicht nur der Ghettoaufstand war, sondern – obwohl es nur wenige Überlebende gab – auch das, was später kam.

Ein Kampf für Menschlichkeit.

Vierzig Nachkriegsjahre lang war ich Ärztin. Ich glaube, ich glaube wirklich, daß man Arzt ist, um Leben zu retten, überall und jederzeit.

Vierzig Jahre lang bin ich niemals von dieser Überzeugung abgegangen.

Doch irgendwo tief innen glaubte ich nicht das Recht zu haben, meinen Beruf auszuüben. Schließlich beginnt man seine Arztkarriere nicht damit, Menschen den Tod zu geben, statt ihnen das Leben zu retten.

Und ich habe mit diesem Wissen bis zum heutigen Tag gelebt.

Und es hilft mir nicht, zu wissen, daß es nur dafür geschah, Menschenleben zu retten, daß es unbedingt nötig war. Irgendwann war etwas nicht so gewesen, wie es hätte sein sollen.

Ob diese Last für den Rest meines Lebens vielleicht zu schwer war?

Nachwort

Ich möchte mich nun mit einem Einwand befassen, der von meinem Verlag, aber auch von anderen Lesern meines Manuskripts erhoben worden ist und den ich sehr ernst nehme: daß mein Bericht «kein Ende zu haben» scheint. Natürlich erwähne ich den Warschauer Aufstand, und doch ist mit keinem Wort von dem die Rede, was uns allen damals zustieß und wie wir es schafften zu überleben, bis der Krieg vorbei war. Es gibt hierauf eine knappe Antwort. Dies sind die Erinnerungen einer Frau, die für die ŻOB Kurierdienste leistete; als der Aufstand ausbrach, war es mit meiner Rolle und mit meiner Arbeit im Untergrund vorbei.

Allerdings wäre diese Antwort nur unvollständig.

Deshalb will ich in diesem Nachwort schildern, was ich von der Endphase, vom August 1944 bis zum Januar 1945, noch in Erinnerung habe.

Am 1. August 1944 war ich in meiner Wohnung in der Miodowastraße allein. Zosia und Joanna waren gegangen, weil sie etwas in Ochota zu erledigen hatten. In der Stadt herrschte eine Atmosphäre gespannter Erwartung. Abermals, wie schon zwei Tage zuvor, wartete man auf die «Stunde W» (so das Kodewort für den Beginn der Erhebung), doch aus uns unbekannten Gründen wurde die Alarmbereitschaft wieder aufgehoben. So lag weiterhin Spannung in der Luft. Wann würde es losgehen? Heute?

Um fünf Uhr nachmittags hörte ich Schüsse. Ich rannte hinaus zur Treppe. Diesen Augenblick werde ich nie vergessen. Jemand raste die Treppe hinunter – ein polnischer Offizier!! In der Uniform der Karpatenbrigade! Alle weinten, und auch ich brach in Tränen aus. Unten im Keller tat sich etwas. Ich rannte hinunter. Man richtete ein Lazarett ein. Ich ging zum Kommandeur, einem Major «Pobóg», an dessen Familiennamen ich mich nicht erinnere. Ich stellte mich vor. Ich sagte, wer ich sei, und wurde auf der Stelle als Lazarettmitarbeiterin übernommen. Es hatte sich herausgestellt, daß es fast niemand von der für das Lazarett vorgesehenen Mannschaft geschafft hatte, rechtzeitig zur Stelle zu sein. Außer mir erschienen zwei weitere Ärzte, beide Juden. Es waren Dr. Ludwik Koenigstein «Rakieta» («Rakete»), Sohn eines hervorragenden Warschauer Larynologen, selbst HNO-Chirurg, sowie Dr. Bolesław «Krzywonos», an dessen wirklichen Familiennamen ich mich nicht erinnere. Beide waren mit ihren Frauen da und wohnten in der Nähe des Lazaretts. (Ihre Frauen fanden hier Arbeit als Schwestern.) Dr. Koenigstein hatte auch seinen fünf Jahre alten Sohn mitgebracht.

Im Augenblick gab es wenig zu tun. Ich trat hinaus auf die Straße. Am Tor stand ein junger Mann in Zivilkleidung. Wir kamen miteinander ins Gespräch. Er stellte sich als Bezirkshauptmann von Warschau-Nord mit Namen Wik Sławski vor. Ein Büro hatte er noch nicht. Ich bot ihm unser Zimmer im ersten Stock an. Als er hörte, ich sei Kinderärztin, ernannte er mich zur Kinderärztin des Bezirks, was während des Aufstands natürlich barer Unsinn war. Abermals mußte ich hilflos zusehen, wie Säuglinge starben, für die ich nichts tun konnte. Wir hatten nichts, weder Milch noch Medikamente. Nicht einmal Wasser. Doch ich erwähne die Begegnung nur, weil Wik Sławski – Władysław Świdowski – später mein Mann wurde.

Die ersten Tage des Aufstands vergingen in Hochstimmung. Die Altstadt war unser. Die Wehrmacht-Magazine in der Stawkistraße wurden aufgebrochen und verhalfen uns zu Vorräten an Konservennahrung, Wein und deutschen Uniformen. (Bisher hatten die Widerstandskämpfer zumeist Zivilkleidung mit rotweißen Armbinden getragen; jetzt kleideten sie sich in graugrüne Tarnjacken und Helme.) Was in den anderen Stadtteilen vor sich ging, wußten wir nicht. Es gab Gerüchte, daß «Cedergren» das Fernamt im Stadtzentrum eingenommen habe. Von dem Massaker in Wola wußten wir nichts, auch nichts davon, daß man die Ärzte des Krankenhauses in der Płockastraße erschossen hatte. Und unser Lazarett füllte sich rasch mit Verwundeten.

Ich arbeitete schwer, wie alle anderen auch, aber ich machte mir große Sorgen um unsere Leute in der Lesznostraße sowie um Zosia und Joanna, die irgendwo in Warschau steckten. Am dritten Tag tauchten die beiden wieder auf. Beide fanden Arbeit in unserem Lazarett. Joanna war eine qualifizierte Krankenschwester, und Zosia war «Lernschwester».

Nun waren wir alle zusammen und ängstigten uns gemeinsam um unsere Freunde. Sie stießen tags darauf zu uns: Marek, Antek und Celina, Marysia und Zygmunt, desgleichen Julek, Zosias Freund. Die anderen blieben in der Lesznostraße. Dort kreisten die Deutschen sie ein, und erst nach dem Krieg trafen wir die Überlebenden wieder. Unsere Männer meldeten sich beim Kommandeur einer Einheit, die im selben Hof stationiert war. Doch sie stießen auf Ablehnung. An einer Verstärkung durch jüdische Kämpfer bestehe kein Bedarf. Also gingen sie zur AL, und dort nahm man sie. Sie wurden ganz in der Nähe stationiert, jenseits des Krasińskięplatzes in den Ruinen des alten Basars in der Świętojerskastraße. Zosia wollte bei Julek sein und schloß sich ihnen an. Joanna und ich blieben; wir konnten das Lazarett jetzt nicht im Stich lassen.

Es ist so viel über den Warschauer Aufstand geschrieben worden, daß es keinen Sinn hat, Geschichten über die Bedeutung und den Alptraum dieser dreiundsechzig Tage zu wiederholen. Ich sah alles. Die Verwundeten und die Sterbenden; die Bomber und die Heckenschützen; die Erschießung von Zivilisten, zehn- oder zwölfjährigen Jungen, die durch die Kanalisation gingen und die Verbindung zwischen den unterschiedlichen Kampfbereichen aufrechterhielten; Strom- und Wasserausfall; Ärzte, die bei Kerzenlicht operierten und unbeirrt weitermachten, als die Fenster des Operationsraumes barsten. Joanna und ich machten uns auf die Suche, wenn irgendwo Bomben gefallen waren und Verwundete aus den Trümmern geborgen werden mußten. Ich erinnere mich an einen solchen Suchgang, als eine Drei-Tonnen-Bombe die Polnische Bank an der Bielańskastraße getroffen hatte. Die Trümmer hatten einen Verbandsplatz unter sich begraben. Über dem Keller, in dem man den Verbandsplatz eingerichtet hatte, hing ein riesiger Betonblock, der aussah, als werde er gleich herunterstürzen. Wir zogen zwei verwundete Schwestern und drei Tote unter den Schuttmassen hervor.

Etwa in der dritten Aufstandswoche stürzte ein von den Deutschen abgeschossenes kanadisches Flugzeug auf unser Haus. Wir sahen die verkohlten Leichen der Männer, die gekommen waren, um Warschau zu helfen. Einige Tage später traf eine schwere Bombe das Haus und zerstörte einen Teil des Lazaretts. Kommandeur «Pobóg» wurde getötet. Eines Tages trat Dr. Koenigstein («Rakieta») nur für einen Augenblick auf den Lazaretthof hinaus. Er kam nie wieder. Nach dem Krieg grub man seinen Leichnam im Hof aus, doch wir erfuhren nie, wie er ums Leben gekommen war. Auch Dr. »Krzywonos« verloren wir. Anscheinend tauchte er nach dem Krieg wieder auf, aber ich weiß nicht, wo. Joanna, ich und eine Gruppe von Hilfssanitäterinnen blieben mit vierzig Verwundeten allein. Das Ende der Altstadt stand bevor. Damals erlebten wir den schlimmsten Tag des Aufstands, ja vielleicht den schrecklichsten Tag überhaupt.

Antek kam zu uns. In einem Haus in der Fretastraße hatte er sämtliche Männer seines Kommandos verloren. Die übriggebliebenen Einheiten der AL wurden gerade durch die Kanalisation nach Żoliborz verlegt. Antek kam, weil er wollte, daß wir mit all den anderen gingen. Doch wir mußten bleiben. Wir waren allein mit vierzig Verwundeten, die wir nicht im Stich lassen konnten.

Wir verabschiedeten uns, und im Feuerschein der brennenden Altstadt schien es ein Abschied für immer zu sein.

Am 29. September kam Wik Sławski, um uns abzuholen.

Wir sollten durch den Kanalisationsausgang auf dem Krasińskiplatz einsteigen und unterirdisch zum Stadtzentrum gehen, dort beim Generalstab Plätze für unsere Verwundeten organisieren und dann zu ihnen in die Altstadt zurückkehren. Da wir ja wiederkommen sollten, ließ ich all meine Habseligkeiten zurück, auch die Fotos, die ich aus dem Ghetto gerettet hatte. Ein kleines Bild meiner Mutter hatte ich in der Tasche meines Pullovers, ferner einen Fünfdollarschein, der in den Ärmel eingenäht war.

Nichts sonst. Auch das Geld ließ ich zurück, das mir von meinem Kurierdienst vor dem Aufstand verblieben war.

Dann kam der Weg durch die Kanalisation. Wir waren nicht die einzigen. Eine Menschenschlange war unterwegs; die Leute hielten einander am Arm oder am Gürtel fest, um in der Finsternis nicht verlorenzugehen. Totenstille herrschte, wenn wir uns unter Einstiegsschächten bewegten, auf allen vieren kriechend, um nicht an herabhängende Granaten zu stoßen. Und der Gestank. Abwasser, das uns in die Schuhe drang. Doch wir kamen durch. Wir kamen barfuß heraus, und unsere Kleider taugten nur noch zum Wegwerfen. Auf dem Kommandoposten Nowy Świat bekamen wir ein paar Schuhe, Röcke und Männerhemden. Abgesehen von meinem Pullover war dies alles, was ich besaß, als der Aufstand vorüber war.

In die Altstadt kehrten wir nicht zurück. Als wir tags darauf für unsere Verwundeten Plätze organisiert hatten und zu dem Kanalisationsausgang zurückkehrten, stellte sich heraus, daß die Evakuierung der Altstadt bereits in vollem Gang war und niemand mehr in diese Richtung durchkam. Einen Tag später kamen auch unsere Verwundeten, aber nicht alle. Diejenigen, die an den Beinen verwundet waren und sich nicht bewegen konnten, blieben im Lazarett in der Miodowastraße. Als wir nach der Befreiung wieder dorthin kamen, fanden wir im Keller ihre verkohlten Leichen auf den Betten.

Unser Quartier im Stadtzentrum war das Krankenhaus in der Mokotowskastraße 12 oder 24. Dort blieben wir, bis der Aufstand vorüber war. Im Unterschied zur Altstadt war es im Stadtzentrum ein wenig leichter, Wasser zu bekommen; Lebensmittel aber waren knapp. Wir aßen Hafer aus einem Stall in der Twardastraße, zu dem ein Gang gegraben worden war. Viele der Verwundeten starben vor Hunger.

Es war ein großes Krankenhaus, in dem sowohl Zivilisten als auch Soldaten behandelt wurden. Nach dem Zusammenbruch des Aufstands erhielten alle, die dort arbeiteten, ihren Lohn – zwanzig Dollar pro Kopf – und konnten wählen zwischen einem Kriegsgefangenenlager, in das auch die Verwundeten gebracht würden, und einem

Lager für Zivilpersonen in Pruszków. Weder das eine noch das andere paßte uns. Wir wollten uns den Deutschen nicht ergeben, und vor allem wollten wir nach unseren Freunden schauen.

Ein glückliches Zusammentreffen günstiger Umstände kam uns zu Hilfe. Auf der Suche nach einem Ausweg ging ich zum Roten Kreuz. Dort sah ich, wie ein Arzt einen Paß erhielt, um mit einer Gruppe Verwundeter Warschau verlassen zu können. Das war also eine Möglichkeit, aus der Stadt herauszukommen, doch ich hatte keinerlei Papiere außer meiner Kennkarte mit dem falschen Familiennamen. Ich weiß wirklich nicht, was ich mir erhoffte, als ich zur Ärztekammer in der Koszykowastraße ging. Dort ereignete sich etwas, was an ein Wunder grenzte. An einem Schreibtisch im Büro saß eine Sekretärin, die ich vor dem Krieg gut gekannt hatte. Wir waren miteinander eng vertraut, ja fest befreundet gewesen. Sie half mir. Der Leiter der Ärztekammer war noch da. Ich erhielt, ausgestellt auf meinen falschen Familiennamen, die Papiere eines Mitglieds der Ärztekammer. Das heißt, ich hatte nun einen Arztausweis. (Ich habe ihn noch immer.) Mit diesem Dokument ging ich abermals zum Roten Kreuz und erhielt einen Paß für eine Krankenschwester und zwölf Verwundete, die ich zum Rotkreuzkrankenhaus in Milanówek bringen sollte. Der Leiter dieses Krankenhauses war Dr. Skonieczny. Wir verließen Warschau am 11. Oktober 1944: ich, Joanna, Wik Sławski, Władek mit einer Gruppe Partisanen und die Frauen der beiden Ärzte, die in der Altstadt umgekommen waren. Wir trafen in Milanówek ein, wo Dr. Skonieczny uns für die Nacht Obdach gewährte.

Tags darauf trennten sich Joanna, Władek und ich vom Rest der Gruppe, die im Dorf Falenty Unterkunft fand. Wir dachten vorausschauend, das heißt, wir glaubten an ein Wunder – daß es uns gelingen werde, unsere gesamte Gruppe wiederzufinden, die nach Żoliborz gegangen war. Nach einigen Tagen mühsamen Sichdurchschlagens schafften wir es, eine geeignete Wohnung in Grodzisk zu finden, zwei Räume im ersten Stock, direkt am Dachboden, wo wir ohne die geringste Schwierigkeit ein Versteck einrichteten. Im Erdgeschoß waren Deutsche stationiert.

Eine Einheit von Gendarmen, die nach... Widerstands-kämpfern fandeten.

Es war Władeks Idee. Ihm fiel ein, daß ein Studien-freund von ihm, ein Ukrainer, in Grodzisk lebte. Es war ein anständiger junger Mann und ein wirklich guter Freund, der gern trank. Für einen Liter Wodka stellte er uns ein Dokument aus, wonach wir beide Ukrainer seien, denen es geglückt sei, aus der Gefangenschaft der... Wi-derstandskämpfer zu entkommen. Diese Bescheinigung nahmen wir mit nach Tschenstochau, wo uns ein ukraini-sches Komitee ukrainische Personaldokumente ausstellte. Dann gingen wir zu einem ukrainischen Geistlichen, er-klärten ihm, wir seien verheiratet, und bekamen von ihm einen ukrainischen Trauschein. Damit hatten wir eine her-vorragende «Deckung» für unsere Wohnung, falls wir un-sere Freunde wiederfinden sollten.

Hier möchte ich etwas erläutern, was vielleicht der Er-klärung bedarf. Damals war Władek, mit dem ich während des Aufstands so viel gemeinsam durchgestanden hatte, nur ein Freund, der das Geheimnis meiner Identität und meiner Tätigkeit kannte und sich entschlossen hatte, bei uns zu bleiben und uns zu helfen. Ich konnte nicht wissen, was uns die Zukunft bringen würde. Aber ich war frei. Gleich nach dem Aufstand hatte ich Bernard Lebewohl ge-sagt. Er gelangte an das jenseitige Weichselufer, das schon befreit war, und nach dem Krieg ging er in die Vereinigten Staaten. Wir schieden als gute Freunde. Seinem Vorschlag, mit ihm zu fliehen, wollte ich nicht folgen. Und so blieb ich bei Władek.

Nach dieser Abschweifung kehre ich zurück nach Grodzisk.

Anfang November 1944 gelang es zwei alten Damen, Freundinnen von Tosia Goliborska-Gołabowa, uns aus-findig zu machen. Es stellte sich heraus, daß nach dem Fall von Żoliborz unsere Freunde im Keller eines Hauses in der Promykastraße geblieben waren, in dem Tosia vor dem Aufstand gewohnt hatte. Das Haus befand sich unmittel-bar am Weichselufer, das die Deutschen nun zu befestigen anfingen. Unsere Freunde sahen sich plötzlich in Gefahr, entdeckt zu werden, und zudem hatten sie kein Wasser und kein Brot mehr. Die beiden alten Damen hatten sich als erste herausgetraut, um sich nach Hilfe umzutun. Nun begannen wir uns nach einem Ausweg umzusehen. Nach einigen Tagen gelangten zwei andere ins Freie. Ich weiß nicht mehr genau, wer es war. Zosia? Marysia? Oder sonst jemand? Die Lage erwies sich als verzweifelt. In dem Keller hörten sie bereits die Pickelschläge und die Stimmen der Deutschen.

Wir mußten unverzüglich etwas unternehmen. Und wir hatten Erfolg! Der Leiter des Krankenhauses in Jelonki sandte eine Sanitätspatrouille aus. Eines unserer Mädchen ging mit. Ich war nicht dabei, aber ich weiß, daß sie barfuß durch das Minenfeld ging, weil es ihr sicherer zu sein schien. Der Patrouille gelang es, bis zu unseren Freunden durchzukommen und sie herauszuführen. Sie legten Marek auf die Tragbahre und riefen den Deutschen zu: «Fleckfieber!» Davor hatten die Deutschen gewaltige Angst. Zygmunt, der einen weißen Kittel trug, half die Bahre tragen. Die anderen gingen mit Bündeln in der Hand daneben, als hätten sie gerade das Haus geplündert. (Es liefen damals viele mit solchen Bündeln herum.) Sie kamen in unsere Wohnung in Grodzisk, in der nun zwölf Menschen hausten. Drei von uns waren «legal», die übrigen hielten sich versteckt. Die drei von uns, die Papiere hatten, kamen mit den Gendarmen im Erdgeschoß so gut zurecht, daß diese uns sogar zum Silvesterabend einluden.

Es heißt, der trübste Lichtschein sei unter dem Laternenpfahl.

Abgesehen von Marek und Antek hielten sich Mitglieder des Koordinierungsausschusses jüdischer Organisationen in Milanówek, Pruszków, Brwinów und anderen Orten des Warschauer Umlands versteckt. Etwas mußte geschehen. Unsere einzige Aktivität bestand damals darin, daß wir Verbindung zu anderen Zentren hielten, insbesondere Krakau, wo das Leben noch verhältnismäßig normal war. Ich fuhr wiederholt nach Krakau, manchmal allein, manchmal in Begleitung von Władek.

Der Krieg endete für uns am 18. Januar 1945, als polnische und sowjetische Truppen in Grodzisk einmarschierten. Was wir an jenem Morgen fühlten? Ich weiß es nicht.

Ich weiß, daß wir am Abend Wodka tranken, wahrscheinlich weil uns dies als das Angemessenste erschien. Wir waren mit dem Leben davongekommen. Das war alles.

Tags darauf machten wir uns zu Fuß auf den Weg nach Warschau. Der Marsch dauerte vier Tage. Schließlich erreichten wir den Trümmerhaufen, der einst Warschau gewesen war.

Wir Leute aus dem Krankenhaus, nämlich Marek, Zosia, Joanna und ich, gingen geradewegs zur Siennastraße. Das Krankenhaus stand noch. Wir brachten am Eingang einen Zettel an mit der Aufschrift «Krankenhaus besetzt» und übernachteten dann in einer leeren Wohnung in der Siennastraße. Was hatten wir eigentlich bezweckt, als wir diesen naiven Zettel am Krankenhaus anbrachten? Ich weiß es nicht.

Am anderen Tag gingen wir an das rechte Weichselufer, nach Praga. Am 25. Januar 1945 begann ich für das Zentralkomitee der polnischen Juden als Kinderärztin zu arbeiten; außerdem leitete ich die Wohlfahrtsabteilung für Kinder.

Zu meinen Pflichten gehörte es, Kinder ausfindig zu machen, die unsere Organisation während des Kriegs bei «arischen» Familien untergebracht hatte, und sie aus den Verstecken «auszugraben», in denen einige überlebt hatten. Ich bekam auch mit Kindern zu tun, die von ihren Müttern gebracht wurden. Manche hatten in Warschau überlebt, die anderen wurden aus anderen Gegenden von ihren Müttern hergebracht. Keines dieser Kinder war gesund und normal. Am 15. Mai 1945 ging ich nach Łódź; dorthin waren mir bereits Frau Dr. Margolisowa mit ihrer Familie und Marek vorausgegangen. In Łagiewniki bei Łódź begann ich in dem Sanatorium zu arbeiten, das Frau Dr. Margolisowa leitete. Władek blieb zunächst in Warschau. Ich beschloß, mich auf Lungentuberkulose bei Kindern zu spezialisieren. Das schien mir zu den Erfahrungen, die ich zuvor gesammelt hatte, am besten zu passen. In den nächstfolgenden Jahren holte ich alle meine überfälligen Examina nach und erwarb ein regelrechtes medizinisches Diplom. Ich blieb bei der Kinderheilkunde, spezialisiert auf Erkrankungen der Atemwege.

Zeittafel

1917:	Adina Blady Szwajgier wird als Tochter von Icchak Blady Szwajgier und Stefania Szwajgier, geb. Hertzberg, geboren.
1933:	Beginn des Medizinstudiums an der Medizinischen Fakultät der Universität Warschau.
27. Juli 1939:	Heirat mit Stefan Szpigielman. Zehntägige «Flitterwochen» in Ustronie.
8.–29. August:	Drei Wochen als Erzieherin in einem Schülerferienlager in Kazimierz an der Weichsel.
11. Oktober:	Adina geht über Białystok nach Lemberg im sowjetisch besetzten Teil Polens, wo sie Stefan trifft und ihre Studien an der Jan-Kazimierz-Universität fortzusetzen hofft. In Lemberg bleibt sie bis Dezember.
1939–1940:	Umsiedlung und Vertreibung von Juden. Beginn der Deportationen aus dem Warthegau (dem an das Deutsche Reich angegliederten Teil Westpolens) mit Ausnahme von Łódź (nun Litzmannstadt genannt). Im Oktober 1939 entsteht das erste Ghetto in Piotrków. Im Februar 1940 werden die Juden aus Łódź, der zweitgrößten jüdischen Gemeinde Polens, in einem Ghetto eingeschlossen.
Oktober 1939:	Absperrung der wichtigsten jüdischen Wohnviertel Warschaus mit Stacheldraht.
November:	Verordnung zur Bildung eines Judenrats, dessen Zusammensetzung von den Behörden der deutschen Besatzungsmacht gebilligt werden muß. Außerhalb

des Ghettos müssen Juden Armbinden mit dem Davidsstern tragen.

Dezember: Am Eingang zum Judenviertel stellen die Deutschen große Tafeln mit der Aufschrift «Vorsicht, Seuchengefahr!» auf.

Ende Dezember: Adina erfährt, daß sie in der sowjetischen Besatzungszone auf einer Liste von Personen stehe, denen die Deportation in ein Lager drohe. Sie beschließt daraufhin, unverzüglich nach Warschau zurückzukehren. Als sie heimlich die Grenze zu dem von Deutschland besetzten Teil Polens überqueren will, wird sie bei der Bahnstation Małkinia beinahe von einer sowjetischen Militärstreife aufgegriffen. Sie entkommt jedoch und erreicht Warschau nach fünf Tagen.

Frühjahr 1940: Beschränkungen für den Verkehr zwischen dem Warschauer Judenviertel und dem übrigen Stadtgebiet. Juden haben Zwangsarbeit zu leisten.

11. März 1940: Adina nimmt ihre Arbeit im Berson-Bauman-Krankenhaus in der Siennastraße auf und wird der Tuberkulosestation in der Śliskastraße im «kleinen Ghetto» zugewiesen.

November: Das Ghetto wird abgeriegelt. Hinter seinen Mauern leben fast eine halbe Million Menschen.

26. Juni 1941: Adina infiziert sich beim Besuch eines Vertriebenenlagers mit Fleckfieber und ist bis Anfang August schwer krank.

September-Oktober: Adina arbeitet in dem neueröffneten Zweig des Kinderkrankenhauses in der Lesznostraße.

November: Einführung der Todesstrafe für Juden, die beim illegalen Verlassen des Ghettos aufgegriffen werden, desgleichen für Polen, die bei dem Versuch ertappt werden, ihnen zu helfen. Die Lebensbedingungen im

Ghetto sind äußerst hart. Die tägliche Lebensmittelration liegt bei 184 Kalorien. 11 000 Juden sterben 1941 an Unterernährung und ihren Folgen (15 Prozent der Todesfälle durch Fleckfieber verursacht).

22. Juli 1942:   Erste Massendeportationen aus dem Ghetto; angeblich sollen alle Juden im Osten angesiedelt werden. Ausgenommen sind die für den Judenrat Tätigen sowie die bei deutschen Firmen, bei der jüdischen Ghettopolizei und an den jüdischen Krankenhäusern beschäftigten Juden mit ihren unmittelbaren Angehörigen.

23. Juli: Adam Czerniaków, der Vorsitzende des Judenrats, begeht Selbstmord.

30. Juli: Adinas Mutter, Stefania (Bat-Sheva) Hertzberg-Szwajgier, und andere Lehrer der jüdischen Privatschule Yehudia werden in das Todeslager Treblinka deportiert.

Juli–
September: Hauptwelle der Deportationen in das Todeslager Treblinka. Der Judenrat hat dem Umschlagplatz täglich zunächst 6000, dann 10 000 Juden zuzuliefern, angeblich, um sie in Arbeitslager umzusiedeln, während sie in Wahrheit nach Treblinka deportiert werden.

Ribbentrop und Molotow unterzeichnen den Hitler-Stalin-Pakt.

30. August: Adina kehrt nach Warschau zurück.

1. September 1939:   Deutscher Angriff auf Polen. In Polen leben zu dieser Zeit 3,5 Millionen Juden, 393 950 von ihnen in Warschau, wo sie ein Drittel der Bevölkerung stellen.

4. September: Adinas Studium an der Universität für beendet erklärt.

6. September: Oberst Umiatowski verkündet im Radio, Warschau sei zur «offenen Stadt» erklärt worden. Alle wehrfähigen Männer werden

aufgefordert, die Stadt zu verlassen. Später beschließt man, die Stadt doch zu verteidigen.

Während der Belagerung Warschaus arbeitet Adina auf einem Verbandsplatz in der Świętojerskastraße.

17. September: Einmarsch sowjetischer Truppen in Polen.

21. September: Die Wannseekonferenz in Berlin zur «Endlösung der Judenfrage» beschließt unter dem Vorsitz von Reinhard Heydrich, dem Chef des Reichssicherheitshauptamtes, die Ausrottung der polnischen Juden.

28. September: Warschau kapituliert. Die Besetzung durch deutsche Truppen beginnt.

Adina unternimmt einen Selbstmordversuch, wird jedoch von Dr. Hela Keilson gerettet.

Das Kinderkrankenhaus wird geschlossen und an die Stawkistraße in der Nähe des Umschlagplatzes verlegt.

Adina schläfert die letzten überlebenden Kinder im Krankenhaus mit Morphin ein, während die Deutschen und ihre litauischen Helfer (Szaulis) beginnen, Patienten der anderen Stationen in Viehwaggons zu verfrachten.

September 1942: Das Ghetto erhält den Status eines Arbeitslagers. Nur 60 000 Juden bleiben im Ghetto zurück.

Gründung des Kampfbundes ŻOB (Żydowska Organizacia Bojowa – Jüdische Kampforganisation).

Oktober 1942– Januar 1943: Adina erhält eine Art Unabkömmlichkeitsbescheinigung, umgangssprachlich «Überlebensbillett», welches ihr das Leben rettet, und beginnt zusammen mit Kollegen in einem Behelfskrankenhaus in der Gęsiastraße zu arbeiten.

Dezember 1942:	Gründung des Judenrettungsrats (Żegota) durch die polnische Exilregierung, der Juden die Flucht aus dem Ghetto ermöglichen soll.
Januar 1943:	Die ŻOB beginnt mit ersten Kampfmaßnahmen. Władysław Szlengiel verewigt diese durch sein Gedicht «Gegenangriff». Das Krankenhaus an der Gęsiastraße wird von der Gestapo geschlossen. Adina und 30 andere Mitarbeiter verbergen sich in einem Versteck im zweiten Stock des Gebäudes und kommen mit dem Leben davon.
25. Januar 1943:	Adina verläßt das Ghetto mit falschen Papieren und wohnt in einem Zimmer in der Dzielnastraße, bis dieses nach einer Razzia auf das ŻOB-Café in der Miodowastraße während des Ghettoaufstands «abbrennt». Anschließend arbeitet sie bis zum Beginn des Warschauer Aufstands im August 1944 als Kurier für die ŻOB. Ihre Aufgaben bestehen darin, Juden, die sich versteckt haben, mit Geld, sicheren Unterkünften, falschen Papieren und medizinischer Hilfe zu versorgen.
19. April 1943:	Beginn des Ghettoaufstands. Der letzte Versuch der Deutschen, die verbliebenen Bewohner des Warschauer Ghettos zu liquidieren, stößt auf bewaffneten Widerstand. Der ungleiche Kampf dauert vier Wochen. 7000 Juden fallen im Kampf, 6000 verbrennen in ihren Verstecken, und 56 000 werden nach Treblinka deportiert. Einige überlebende Kämpfer entkommen durch die Kanalisation und können sich mit Lastwagen in die umliegenden Wälder retten.
11. Juli 1943:	Vom monatelangen Leben im Versteck zermürbt, glaubt Stefan, sich die Ausreise in die Schweiz erkaufen zu können, gerät

jedoch mit anderen Ausreisewilligen im Hotel Polski in eine tödliche Falle. Gefangenentransporter bringen die Hotelgäste direkt nach Auschwitz. Adina entkommt mit knapper Not.

Sommer 1943:	Adina wohnt im Sommer in Międzylesie, im Winter in einem Zimmer des Hauses Nr. 24 in der Warschauer Miodowastraße.
Winter 1943–44:	Arbeit als Kinderbetreuerin in einem Hort der RGO (Rada Główna Opiekuńcza, «Haupthilfsausschuß»), gleichzeitig Fortsetzung der konspirativen Tätigkeit für die ŻOB.
1. August 1944:	Beginn des Warschauer Aufstands, eines Versuchs, Warschau vor dem Eintreffen der Roten Armee freizukämpfen. Bei den knapp neun Wochen andauernden Kämpfen verlieren 150 000–200 000 Zivilisten sowie 10 000 Angehörige der Heimatarmee und andere Soldaten ihr Leben. Warschau wird bis auf die Grundmauern zerstört.
29. September 1944:	Wik Sławski (Władysław Świdowski, später Adinas zweiter Ehemann) hilft dem Personal des während des Aufstands eingerichteten Lazaretts, sich durch die Kanalisation von der Altstadt bis ins Zentrum Warschaus durchzuschlagen.
2. Oktober 1944:	Der Warschauer Aufstand bricht zusammen.
11. Oktober 1944:	Adina erhält einen Paß, um eine Krankenschwester und zwölf Verwundete zum Rotkreuzkrankenhaus nach Milanówek zu bringen. So gelingt es einigen Überlebenden des Lazaretts, aus Warschau herauszukommen. Adina und Władek nehmen eine Wohnung in Grodzisk über einer Dienststelle der deutschen Gendarmerie, die nach Widerstandskämpfern fahndet, und machen sich auf die Suche

nach ihren untergetauchten ŻOB-Gefährten. Im November finden sie die Gesuchten.

17. Januar 1945: Befreiung Warschaus durch die Rote Armee.

18. Januar 1942: Sowjetische und polnische Truppen befreien Grodzisk. Adina und ihre Freunde kehren nach Warschau zurück.

25. Januar 1945: Adina beginnt für den Hauptausschuß der polnischen Juden als Kinderärztin zu arbeiten; zu ihren Aufgaben gehört es, jüdische Kinder, die während des Kriegs bei arischen Familien untergebracht worden waren, ausfindig zu machen.

15. Mai 1945: Adina zieht nach Lagiewniki bei Łódź, um im dortigen Sanatorium unter der Leitung von Dr. Anna Margolisowa (vormals Leiterin der Tuberkulosestation des Berson-Bauman-Krankenhauses im Warschauer Ghetto) zu arbeiten. Hier beginnt ihre Nachkriegstätigkeit als Kinderärztin; in der Folge spezialisiert sie sich auf Erkrankungen der Atemwege.

Namen, an die ich mich erinnere

Antek (siehe Icchak Cukierman).

Blum, Abrasza – einer der Organisatoren des bewaffneten Widerstands im Ghetto, Mitglied des Koordinierungsausschusses jüdischer Organisationen.

Blum-Bielicka, Luba – Leiterin der Schwesternschule, arbeitete im Krankenhaus an der Gęsiastraße.

Braude-Hellerowa, Dr. Anna – Chefärztin des Berson-Bauman-Krankenhauses (im April 1943 umgekommen).

Cukierman, Icchak – Antek – Mitglied des Koordinierungsausschusses jüdischer Organisationen, Mitglied des ŻOB-Kommandostabs.

Edelman, Marek – Botengänger des Berson-Bauman-Krankenhauses, Mitglied des ŻOB-Kommandostabs (überlebte).

Efros, Dr. – Arzt (in Treblinka ermordet).

Fedentrumpf, Dr. – Leiter der Abteilung für Infektionskrankheiten (in Treblinka ermordet).

Feinmesser, Bronisława (Bronka) – Marysia Warmanowa (lebt in den USA).

Ferszt, Fajga – Laborantin (in Majdanek ermordet).

Ferszt, Józef (Jozio) – Verwalter (in Majdanek ermordet).

Fersztówna, Fecia – Laborantin, Schwester von Józef Ferszt.

Folmanowa, Dr. Maryla – Assistenzärztin auf der Typhusstation (in Treblinka ermordet).

Franter, Dr. Zosia – Ärztin (vergiftete sich auf dem Umschlagplatz).

Frydman, Renia – Zosia Skraszewska (überlebte).

Goldmanowa, Maria – Verwaltungssekretärin, Schwester von Regina Goldmanowa (während des Kriegs gestorben).

Goldmanowa, Regina – Bürovorsteherin (nach dem Krieg gestorben).

Goliborska-Gołąbowa, Teodozja (Tosia) – Laborchefin (überlebte; lebt in Australien).

Hellerowa, Dr. Anna (siehe Dr. Anna Braude-Hellerowa).

Heller, Arik – Sohn von Dr. Anna Braude-Hellerowa und Mitstudent der Verfasserin.

Higber, Dr. Luba – Ärztin (in Treblinka ermordet).

Hirszfeldowa, Professor Hanna – Stationsoberärztin in der Lesznostraße (überlebte).

Hodesowa, Frau – Chefköchin (überlebte; starb in den USA).

Jaszuński, Dr. Michał – Assistenzarzt auf der Inneren Abteilung in der Lesznostraße (gestorben).

Jurek (siehe Arie Wilner).

Kachane-Kochańska, Dr. – Assistenzärztin auf der Station für Infektionskrankheiten (nach dem Krieg gestorben).

Kazik (siehe Symcha Rajtazer).

Keilson, Alexander – Leon Małecki – Vater von Hela und Dola Keilson.

Keilson, Debora (Dola) – Oberschwester (1943 in Otwock erschossen).

Keilson, Dr. Helena (Hela) – Janina Małecka (später Puławska) – Ärztin auf der Inneren Station (überlebte die Lager; lebt in Schweden).

Kleniec, Mirka – OP-Schwester (gestorben).

Klepfisz, Michał – Ingenieur, organisierte im Ghetto die Herstellung von Handgranaten und Brandflaschen (gestorben).

Kroszczor, Henryk – Verwaltungsdirektor (nach dem Krieg gestorben).

Leneman, Dr. – Assistenzarzt auf der Chirurgischen Abteilung (in Treblinka ermordet).

Lewin, Dr. – HNO-Arzt (überlebte).

Lichtenbaumowa, Dr. – Leiterin der Inneren Abteilung (in Treblinka ermordet).

Makower, Dr. – Stationsarzt in der Lesznostraße (überlebte).

Małecka, Janina (siehe Hela Keilson).

Margolisowa, Dr. Anna – Leiterin der Tuberkulosestation (überlebte).

Natanblut-Hellerowa, Marysia – Jugendfreundin der Verfasserin, Ehefrau von Arik Heller.

Natanblut-Heller, Halina (verhaftet bei der Razzia im Café in der Miodowastraße; im Pawiak-Gefängnis erschossen).

Puławska, Janina (siehe Hela Keilson).

Ratajzer, Symcha – Kazik – Mitglied des ŻOB-Kommandostabs.

Rotbalsam, Dr. Jerzy (Jurek) – zweiter Assistenzarzt auf der Inneren Abteilung (überlebte).

Rozowska, Stasia – Ehefrau von Welwł Rozowski.

Rozowski, Welwł – Władek – ŻOB-Kämpfer.

Rubni, Sara – Schwester auf der Typhusstation in der Śliskastraße (gestorben).

Sachs, Frau – Buchhalterin, Arztwitwe (gestorben).

Skaszewska, Zosia (siehe Renia Frydman).

Skonieczny, Dr. Wacław (Wacek) – der von den Deutschen eingesetzte Dekan des Krankenhauses (überlebte; nach dem Krieg gestorben).

Sławski, Wik (siehe Władysław Świdowski).

Świdowski, Władysław – Wik Sławski – Widerstandskämpfer der Heimatarmee, zweiter Ehemann der Verfasserin.

Szpigielman, Mietek – älterer Bruder von Stefan Szpigielman.

Szpigielman, Stefan – erster Ehemann der Verfasserin (in Auschwitz ermordet).

Tenenbaumowa, Frau – Hauskrankenschwester (vergiftete sich und überließ ihr «Überlebensbillett» ihrer Tochter).

Trediakowski, Jerzy – Verwaltungsangestellter aus Łódź, der ŻOB-Mitglieder mit falschen Papieren versah.

Wacław (siehe Henryk Woliński).

Wagner-Lewin, Lilka – Krankenschwester (überlebte).

Warman, Marysia (siehe Bronisława Feinmesser).

Wilk, Dr. – Chefchirurg (überlebte; emigrierte nach Schweden).

Wilkowa, Dr. – beratende Augenärztin, Ehefrau von Dr. Wilk (überlebte; emigrierte nach Schweden).

Wilner, Arie – Jurek – Kurier für Żegota auf der «arischen Seite».

Władek (siehe Welwł Rozowski).

Woliński, Henryk – Wacław – verantwortlich für jüdische Belange beim Oberkommando der Heimatarmee.

Zarebianka, Maria (Marysia) – Freundin der Mutter der Verfasserin (nach dem Krieg gestorben).

Dokumente über das Warschauer Ghetto

Geschichte

Ainsztein, R.: *The Warsaw Ghetto, Revolt*. New York, 1979.

Bartoszewski, Władysław/Lewin, Zofia: *Righteous Among Nations. How Poles Helped the Jews, 1939–45*. London, 1969.

Dawidowicz, Lucy S.: *The War Against the Jews 1944–45*. Harmondsworth, 1975.

Dawidowicz, Lucy S. [Hrsg.]: *A Holocaust Reader*. New York, 1976.

Edelman, Marek: *The Ghetto Fights*. New York, 1946.

Friedman, Philip: *Martyrs and Fighters. The Epic of the Warsaw Ghetto*. New York, 1954.

Gilbert, Martin: *The Holocaust. The Jewish Tragedy*. London, 1986.

Goldstein, Bernard: *The Stars Bear Witness*. New York, 1949.

Grossman, Mendel: *With a Camera in the Ghetto*. Ghetto Fighters House, Israel 1970.

Gutman, Yisrael: *The Jews of Warsaw 1939–43. Ghetto, Underground, Revolt*. Brighton, 1982.

Lewin, Nora: *The Holocaust. The Destruction of the European Jewry, 1933–45*. New York, 1968.

Robinson, J. [Hrsg.]: *The Holocaust and After. Sources and Literature in English*. Jerusalem, 1973.

Tagebücher und Memoiren

Adler, Stanisław: *In the Warsaw Ghetto 1940–43. An Account of a Witness*. Jerusalem, 1982.

Bauman, Janina: *Winter in the Morning*. London, 1986. (deutsch: *Als Mädchen im Warschauer Ghetto*. Ismaning 1986.)

Berg, Mary: *Warsaw Ghetto. A Diary by Mary Berg* (hrsg. von S. L. Schneiderman). New York, 1945.

Czerniakow, Adam: *The Warsaw Diary of Adam Czerniakow. Prelude to Doom* (hrsg. von Raul Hilberg, Stanislaw Staron und Josef Kermish). New York, 1979.

Donat, A.: *The Holocaust Kingdom. A Memoir.* New York, 1965

Kaplan, Chaim A.: *The Warsaw Diary of Chaim A. Kaplan.* (übers. u. hrsg. von Abraham Katsch). New York, 1973.

Krall, Hanna: *Shielding the Flame. An Intimate Conversation with Marek Edelman.* New York, 1986.

Lewin, Abraham: *A Cup of Tears: A Diary of the Warsaw Ghetto.* Oxford, 1988.

Litai, Chaim Lazar: *Muranowska 7. The Warsaw Ghetto Rising.* Tel Aviv, 1968.

Meed, Wladka (Miedzyrzecki): *On Both Sides of the Wall. Memoirs from the Warsaw Ghetto.* Beit Lohamei Hagettaot, 1972.

Ringelblum, Emanuel: *Notes from the Warsaw Ghetto.* New York, 1958.

Wdowinski, David: *And We Are Not Saved.* London, 1964.

Zucker-Bojanowska, L.: *Liliana's Journal. Warsaw 1939–45.* New York, 1980.

Zydelberg, Michael: *A Warsaw Diary 1939–45.* London, 1969.

Bilddokumente

Heydecker, Joe J.: *The Warsaw Ghetto. A Photographic Record 1941–44* (Vorwort von Heinrich Böll). London, 1990.

Keller, Ulrich [Hrsg.]: *The Warsaw Ghetto in Photographs. 206 Views.* Toronto, 1984.

Szajkowski, Z.: *An Illustrated Sourcebook of the Holocaust* (3 Bde.). New York, 1977.

The Warsaw Ghetto in Pictures (illustrierter Katalog YIVO). New York, 1970.

Warszawskie Getto, 1943–1988. Warschau, 1988.

Der Arztausweis, den Adina Blady-Szwajgier auf ihren falschen Namen Irena Mereminska von der Ärztekammer ausgestellt bekam, unterschrieben von Dr. W. Skonieczny.

Zertifikat der Heimatarmee, das die Tätigkeit Dr. Irena Mereminskas von Juli bis September 1944 bestätigt.

l.p.	Nazwisko i imię	wiek	Nr rej	Adres	uwagi
1.	Passenstejn Daniel	l.6	15	11 Listopada 16/18	op. Salonek
2.	Alterwajn Gizella	l.4	48	Św. Wincentego 77	op. Pęgza...
3.	Margulis Mira	l.11	73	Grochowska 24?/18	op. Ostucz
4.	Feldman Rutti	l.9	74	Ossowska 51/13	op. Chrzanow..
5.	Kraus Pawel	l.8	74	" " "	" "
6.	Buchwald Halina	l.9	76	Saszczor 81/10	op. Służca
7.	Szapiro Edita	l.8	151	Siennicka 15	szpital
8.	Diment Artur	l.9	161	Sliwice-Witkiewicza 33	op. Frankowska
9.	Rubin Henia	l.7	175	Pustelnik-Osiedle	op. W. Szczepanowski
10.	Langiewicz Lazarz	l.8	252	Stalowa 35/10	op. Langiewicz
11.	Kornblum Boruch	l.12	289	Mińska 24	op. Dyżyński
12.	Kowalska Eugenia	l.4½	300	Grzybowska 6/42	op. Damska
13.	Goldman Stanisław	l.10	311	Grochów-Prochowa 24?	op. Chmielczyk
14.	Kurc Krystyna	l.8	987	Grochowska 158/3	op. Wejcman
15.	Rubinsztajn Marysia	l.2	1076	Brzeska 10/26	op. Żulawska
16.	Lemberg Antoni	l.12	1148	Mackiewicza 1/4	op. Burno
17.	Kanareh Laja	l.13	1570	Wileńska 9	
18.	Rochman Józio	l.8	1586	Św. Augusta 10/2	op. Dziórowska
19.	Spiegel Bernard	l.5	1677	Demiszewska 6	op. Piotrowska
20.	Gliklich Anna	l.7	1718	Tar gowa dozorcy	op. ...til
21.	Sztorchman Larysa	l.12	1742	... ki-graniczna 17	
22.	Kupersztch Marian	l.7	1624		
23.	Fainsztch witi	l.7	1673	...	
24.	Kahs witi ...	l.4	1755	...	

Verzeichnis jüdischer Kinder, die bei «arischen» Familien versteckt worden waren, das die Autorin benutzte, um die Kinder ausfindig zu machen. (Von links nach rechts: Name des Kindes, Alter, Nummer, Adresse und Name der «arischen» Familie.)

Verwaltungseinteilung im besetzten Polen,
Stand vom 6. November 1940

Verwaltungseinteilung im besetzten Polen,
Stand vom 1. September 1942

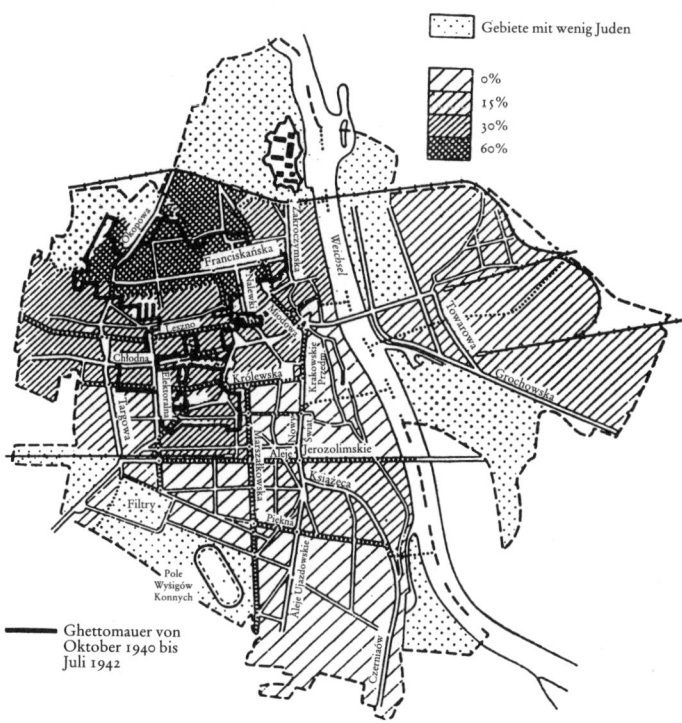

Anteil der jüdischen Bevölkerung 1939

Gebiete mit wenig Juden

0%
15%
30%
60%

Ghettomauer von
Oktober 1940 bis
Juli 1942

Die Lage des Warschauer Ghettos

Das Warschauer Ghetto